ÄGYPTEN
SAUDI-ARABIEN
Rotes Meer
Wadi Halfa
Nubische Wüste
Port Sudan
Nil
Omdurman
Khartum
ERITREA
Rufàah
Weißer Nil
El Obeid
Nuba Berge
Kaduqli
ÄTHIOPIEN
Tonj
SÜDSUDAN
Juba
Lokichoggio
UGANDA
KENIA

Yassir Eric

HASS GELERNT
LIEBE ERFAHREN

Yassir Eric

HASS GELERNT LIEBE ERFAHREN

Vom Islamisten zum Brückenbauer

adeo

Inhalt

Prolog

Zwei Jahre lang beteten wir täglich für die Vernichtung Zakarias. In dieser Nacht – *in sha'a-llah* – sollten unsere Gebete erhört werden.

Wir waren bereit: Gemeinsam mit meinen Freunden saß ich auf einem Baum und schaute auf den Trampelpfad unter uns, der nur schwach vom Mondlicht beschienen wurde. In der Ferne flackerte das Licht einer Taschenlampe, das immer näher kam. Bald war es nur noch wenige Meter von uns entfernt. Mein Herz raste. Rasch griffen wir nach unseren Gewehren, an deren Lauf wir zuvor Bajonette befestigt hatten. Kurz bevor Zakaria mit seiner Taschenlampe direkt unter unserem Baum entlangging, gab ich ein Zeichen. Gemeinsam mit einem Freund sprang ich vom Ast herab und landete mit meinen Springerstiefeln direkt auf Zakarias Rücken, der durch die Wucht unserer Körper auf den Boden sackte.

Nun sprangen auch die anderen vom Baum herunter. Einer fesselte Zakarias Hände mit einem Seil, einer presste seine Hände auf dessen Mund. Zakaria riss seinen Kopf hoch. In seinem dunklen Gesicht erkannte ich nur das Weiß seiner vor Angst und Schmerz weit aufgerissenen Augen. Zuerst nahmen wir unsere Gewehrkolben und droschen auf seinen Körper ein. Dann drehten wir die Waffen um und stachen mit den Messerklingen am Lauf der Gewehre in seinen Rücken, seine Beine und Arme. Zakarias dumpfe Schreie wurden immer schwächer, bis sie ganz verstummten. Ich spürte das

Zucken seines Körpers unter mir, das immer schwächer wurde. Wie im Rausch schlug und stach ich weiter auf ihn ein.

„Kommt, hört auf, er ist schon längst tot!", rief mein Freund Mustafa, der die ganze Zeit seine Hände auf Zakarias Mund gepresst hatte. Erst jetzt hielt ich inne, richtete mich auf und nickte den anderen zu. Noch einmal schaute ich hinab zu Zakaria, der leblos auf dem Waldboden lag. Schnellen Schrittes liefen wir zurück in unser Lager. Über uns färbte sich der Himmel bereits rosa. Die Morgendämmerung setzte ein, es war Zeit fürs Morgengebet.

„*Allahu akbar*", murmelte ich, während ein Gefühl des Stolzes in mir aufstieg.

KAPITEL 1

Das jähe Ende meiner Kindheit

„Allahu akbar!“, dröhnte es blechern aus dem Lautsprecher der Moschee. „Ich bezeuge, dass es keine Gottheit gibt außer Allah, ich bezeuge, dass Muhammad Allahs Gesandter ist. Eilt zum Gebet, eilt zum Erfolg, Gebet ist besser als Schlaf!“ Der Gebetsruf gegen vier Uhr morgens riss mich aus dem Tiefschlaf. Die Nacht war zu kurz gewesen, so wie jede der vergangenen 17 Nächte, die ich bisher in der Koranschule, der *khalwa*, verbracht hatte. Ruckartig richtete ich mich auf meiner Matratze auf und konzentrierte mich darauf, mit dem rechten Bein zuerst aufzustehen. So hatte es der islamische Prophet Muhammad gemacht. Und wir sollten seiner *sunna*, seinem Vorbild[1], auch im Alltag folgen, hatte ich gestern gelernt.

Rasch verließ ich die Strohhütte und folgte den anderen Jungen, die wie ich zum Morgengebet in die Moschee der Koranschule eilten. Es war noch dunkel draußen, doch wir kannten den Weg. Nach dem Gebet holte ich meine Holztafel aus der Hütte, die ich an ihrem Kamellederband an einem Holzbalken aufgehängt hatte. Die Tafel, auf die wir täglich Koranverse schrieben, durfte auf keinen Fall den Boden berühren und unrein werden. Vorsichtig nahm ich sie ab und ging in unser „Klassenzimmer“, ein überdachtes Stück Erde, an dessen Seiten aneinandergereihte Holzstöcke und Stroh für Schatten sorgen sollten. Der Scheich hatte bereits auf einem Holzstuhl in der Mitte der Hütte Platz genommen. Wir – zehn Jungen im Alter von acht und neun Jahren – setzten uns auf Strohmatten rings um ihn herum. In der rechten Hand hielt er seinen Koran, in der linken eine Peitsche aus Kamelleder, die so lang war, dass sie jeden, der im Kreis saß, treffen konnte.

Wie alt der Scheich war, wusste keiner von uns so genau. Die grauen Haare und der weiße, lange Bart ließen ihn deutlich älter erscheinen, als er tatsächlich war. Wie wir trug er ein weißes Gewand, eine *jallabiya,* dazu eine weiße Gebetsmütze. Ohne uns zu begrüßen, fing er noch im Morgengrauen an, mit lauter, durchdringender Stimme aus dem Koran vorzulesen. Wir schrieben das Gehörte auf unsere Tafeln. Unsere Aufgabe bestand darin, die etwa 15 bis 20 Koranverse, die auf unsere Tafel passten, im Laufe des Tages auswendig zu lernen.

Noch immer waren wir bei der zweiten Sure, der *al-Baqara.* Die erste Sure, die *al-Fatiha*, hatten wir übersprungen. Wir kannten sie alle schon von zu Hause auswendig, da diese „Eröffnende" bei jedem der fünf täglichen Gebete gesprochen wird. Die zweite Sure ist mit 286 Versen (*aya*) die längste des Korans, und sie wollte einfach kein Ende nehmen. Stur ließ der Scheich uns Vers um Vers auswendig lernen, ohne uns den Inhalt der Texte zu erklären. Dennoch durften wir sie nicht verwechseln und mussten die diktierten Verse fehlerlos rezitieren können.

Meist verstanden wir nicht, was uns unser Koranlehrer diktierte. Kein Wunder, denn wir alle hatten bisher höchstens drei Jahre Schulbildung hinter uns und konnten eher schlecht als recht lesen und schreiben. Zudem waren die Inhalte der Texte, die wir auswendig lernen sollten, zu komplex und nicht verständlich für uns, geschweige denn hatten wir von der Grammatik des Hocharabischen eine Ahnung. Manche Wörter kannten wir gar nicht, weil sie nur im Koran vorkommen.

Machten wir einen Fehler, wurde uns nicht erklärt, was daran falsch war und weshalb es anders richtig gewesen wäre. So blieb uns nichts anderes übrig, als uns das Schriftbild der Worte einzuprägen. Niemand traute sich, den Scheich etwas zu fragen. Hiebe lehrten uns, dass es besser war, einfach zu gehorchen.

An diesem Morgen war ich besonders müde. Ich versuchte, mich auf das Schreiben der Koranverse zu konzentrieren. Aber immer wieder fielen mir die Augen zu. Plötzlich sah ich aus den Augenwinkeln, wie die Peitsche auf meine Schultern herabsauste. Eine Sekunde später durchfuhr mich ein stechender Schmerz. Ich hatte nicht gemerkt, dass der Scheich bereits eine Weile hinter mir gestanden und auf meine Tafel geblickt hatte. Reflexartig ersetzte ich den Strich auf meinem Holzbrett unter dem Buchstaben „mim" durch einen Strich darüber. Der Scheich hatte ein „a" vorgelesen, ich ein „i" geschrieben. Dieser kleine Rechtschreibfehler hatte genügt, um seinen Zorn zu erregen und mich vor allen zu demütigen. Krampfhaft hielt ich meine Tränen zurück. Ich durfte nicht weinen, denn ich wusste, was sonst geschehen würde: Unser Lehrer würde mich so lange schlagen, bis ich nur noch wimmerte. Außerdem wollte ich nicht als Muttersöhnchen dastehen und damit Schande über meine Familie bringen. Auch wenn ich erst acht Jahre war, galt es, tapfer zu sein und nicht zu weinen, denn von meinem Verhalten hing die Ehre der Familie ab – so wurde ich von meinem Vater erzogen. Was die anderen über mich denken und sagen, sei wichtiger als das, was ich denke und fühle, brachte er mir bei. Ich lernte zu Hause nicht, was richtig oder falsch ist, sondern was ehrenhaft ist und was als Schande gilt.

Ich unterdrückte mein Schluchzen. Warum hatte mein Vater mich an diesem schrecklichen Ort zurückgelassen? Warum hatte er mir nicht vorher erklärt, dass er mich hierher bringen wollte? Ich konnte mich nicht einmal von meiner Familie verabschieden. Und warum hatte er mir nicht gesagt, wie lange ich es hier würde aushalten müssen? „Komm mit, wir machen einen Ausflug", hatte er eines Tages in seiner gewohnt kurz angebundenen Art zu mir gesagt. Ich freute mich, weil wir unterwegs meist viel sahen und erlebten. Mein Vater war als hochrangiger Militäroffizier und Politiker oft auf Reisen, besuchte Kasernen oder Dörfer. Immer wieder durfte ich ihn auf seinen Dienstreisen begleiten, weil es ihm wichtig war, möglichst viel Zeit mit mir zu verbringen. Ich sollte von ihm erzogen und geprägt werden, um aus seinen Erfahrungen zu lernen. Das war meinem Vater außerordentlich wichtig, da ich als sein einziger Sohn später seine Position übernehmen sollte. So wie er, sollte auch ich der Chef unseres riesigen Clans und eine wichtige Führungsfigur im Nordsudan werden.

Ich erinnere mich, dass unsere Fahrt zur Koranschule endlose zwei Tage dauerte. Von unserer Heimatstadt Khartum fuhren wir mit dem Auto knapp 1000 Kilometer Richtung Norden in ein Wüstendorf in der Nähe von Wadi Halfa, nur wenige Kilometer von der ägyptischen Grenze entfernt. Weit genug weg von zu Hause, damit meine Mutter und andere Verwandte mich nicht besuchen konnten. Direkt nach der Ankunft übergab mein Vater mich an unseren Lehrer, den er gut zu kennen schien, blickte mich noch einmal ernst an und verschwand wortlos.

Kaum war mein Vater gegangen, rief der Scheich einen seiner Assistenten zu sich, der *hafiz* genannt wurde, weil er den Koran schon auswendig kannte. Dieser führte mich nach draußen zu einem Baum, in dessen Schatten bereits eine Handvoll anderer, ängstlich dreinblickender Jungen kauerten. Auch sie waren von ihren Eltern hier abgegeben worden und wussten nicht, was nun mit ihnen geschehen würde.

„*Yela, yela*, Los komm!" Ein junger Mann, der unter dem Baum stand, winkte mich zu sich und zeigte auf den Hocker vor seinen Füßen. Nachdem ich Platz genommen hatte, drückte er mir eine zerbeulte Blechschüssel in die Hand, aus der er etwas Wasser nahm und meine Haare einseifte. Dann spürte ich einen kalten, harten Gegenstand auf meiner Kopfhaut, eine Rasierklinge. Ich sah, wie immer mehr meiner Haare auf den staubigen Boden zu den anderen Haarbüscheln fielen.

Der *hafiz* wusch das Rasiermesser in der Schüssel ab. Blut klebte daran. Mich schauderte. Ich kannte diese Art von Rasierklinge. Sie wurde auch bei Beschneidungen von Jungen verwendet. Immer wenn es in unserer Verwandtschaft ein Beschneidungsfest gab und der Scheich kam, war ich froh, dass ich das bereits hinter mir hatte.

Ein letztes Mal fuhr der Assistent mir mit dem Messer über den Kopf, bis auch die allerletzte Locke abgefallen war – so als wolle er ihn freimachen für den neuen Inhalt, der mir in den folgenden Monaten eingetrichtert werden sollte. Ich fuhr mit der Hand über meinen kahlen Schädel. Ich fühlte mich nackt und schutzlos.

Dann wurden wir in einen kleinen Raum gescheucht, wo wir uns bis auf die Unterwäsche ausziehen mussten und statt unserer eigenen Kleidung zwei weiße *jallabiyas* und flip-flop-artige Sandalen, deren Sohlen aus Stücken von Autoreifen bestanden, erhielten. Weil sie unkaputtbar sind, heißen die Sandalen im Arabischen *tamut tachali,* was so viel heißt wie: „Die überleben sogar noch die Menschen, die sie tragen."

Ich sah die anderen Jungen an, die ebenfalls neu eingekleidet wurden. Mit unseren Glatzen und der uniformen Kleidung sahen wir uns zum Verwechseln ähnlich. Nun war ich einer von vielen; woher ich kam und wer ich war schien niemanden zu interessieren. Ab sofort begann für mich ein neues Leben, das spürte ich von meinem rasierten Kopf bis zu meinen Füßen, an denen ich nun Autoreifen statt teurem Leder trug.

Die ersten Tage in der *khalwa* waren furchtbar für mich und meine Mitschüler. In ihren verängstigten, fragenden und verzweifelten Gesichtern spiegelten sich meine Gefühle. Wo war ich gelandet? Warum hatte mein Vater mich hier zurückgelassen?

Nachts weinte ich mich leise in den Schlaf und hoffte, dass Ahmad, der die Hütte mit mir teilte, es nicht mitbekam. Ich schämte mich dafür. Schon als Kind wurde mir anerzogen, stark wie ein Mann zu sein, Gefühle nicht zu zeigen. Als ich dann Ahmads Schluchzen in der Dunkelheit hörte, wusste ich, dass er sich ebenso verlassen fühlte wie ich.

Nur bei meiner Mutter konnte ich so sein, wie ich war. Ich schloss die Augen und sah ihr liebevolles Gesicht vor mir, wie sie mich anlächelte und auf mich zukam. Was hätte ich dafür gegeben, dass sie nun hier in meine Hütte kommt und mich in den Arm nimmt. Ich vermisste ihre Nähe und wusste, dass sie zu Hause genauso wie ich schlaflose Nächte hatte. Auch sie war nicht in die Entscheidung meines Vaters einbezogen worden und hatte keine Ahnung, wo ihr Sohn war, was mit ihm geschah und wie lange er weg sein würde. Der Respekt verbot ihr, meinen Vater danach zu fragen. Anfangs tröstete ich mich damit, dass mein Vater sicherlich in den nächsten Tagen kommen würde, um mich wieder abzuholen. Diese Hoffnung trug mich über die ersten Tage hinweg – bis mir klar wurde, dass mich niemand abholen würde. Also fügte ich mich meinem Schicksal und versuchte, irgendwie in diesem neuen System zu funktionieren.

Nach 17 Tagen war mein nächtliches Weinen verstummt. Traurig lächelte ich, als ich mich an diese ersten Tage in der *khalwa* zurückerinnerte. Von heute auf morgen hatten meine Kindheit und mein gewohntes Leben ein jähes Ende gefunden.

Alleine bist du nichts

Es war neun Uhr morgens. Bereits seit mehreren Stunden diktierte der Scheich mit brüllender Stimme Verse aus der zweiten Sure. Das einzig Angenehme war die Wärme, die die Kälte der Nacht verdrängte und sich langsam in der Hütte breitmachte. Während ich noch versuchte, dieses wohlige Gefühl wenigstens für kurze Zeit auszukosten, stand der Scheich auf, legte seine Peitsche auf den Boden und machte seine typische Handbewegung, so als wollte er lästige Fliegen verscheuchen. Wir atmeten auf. Es war Zeit, ins nahe gelegene Dorf zu gehen.

Wir machten uns immer zu zweit auf den Weg, gingen von Tür zu Tür und lasen laut die Koranverse vor, die wir zuvor auf unsere Holztafeln geschrieben hatten. „Die *muhajirun* sind da", hieß es, wenn uns die Tür geöffnet wurde. In den Augen der Dorfbewohner waren wir keine Kinder oder gar Bettler, sondern *muhajirun*, Auswanderer. So wurden in der islamischen Frühzeit diejenigen Muslime genannt, die mit Muhammad Mekka verlassen hatten und nach Medina gezogen waren. Durch das Auswendiglernen und Weitergeben der Koranverse sahen uns die Leute als Unterstützer und Freunde des islamischen Propheten und der *salaf*, seiner Gefährten, an.

Das war unser Glück, denn wer einen *muhajir* einen Tag ernährt, hat eine gute Tat für Allah getan. Wir erhielten also meist gutes Essen wie Maisbrei oder einen frisch gekochten Fleischeintopf und nahmen alles dankend an. Wir wussten schließlich nie, wie erfolgreich unsere Bettelei an den anderen Türen noch sein würde. Essen ist ein Geschenk Gottes, wurde uns in der Koranschule eingetrichtert. So sagten wir „*bismillah*" – „im Namen Allahs" – und aßen alles, was wir bekamen.

Manchmal kam es auch vor, dass uns die Familien im Dorf nichts zu essen geben wollten. Dann war uns die Koranklasse eines anderen Scheichs zuvorgekommen. Diese Gegend an der ägyptischen Grenze war im ganzen Land bekannt für ihre vielen Koranschulen, die „*khalawi al-ashraf*" hießen, „Koranschulen der Ehrwürdigen". Als sich der Islam von Ägypten her ausbreitete, waren die Dörfer in der nubischen Wüste die ersten im Sudan, die zum Islam konvertierten. Die Menschen, die dort leben, sind allesamt sehr religiös, viele von ihnen waren in der Koranschule und kennen den gesamten Koran auswendig.

Später erfuhr ich, dass es in unserer Familie Tradition war, hier als Kind zwei Lebensjahre zu verbringen: Auch mein Vater und mein Großvater hatten diese *khalwa* besuchen müssen. Keine Bäume, kaum Niederschlag. Dafür Sand, so weit das Auge reicht. Das arabische Wort *khalwa* bedeutet „Stiller Ort", was diese Gegend sehr treffend beschreibt. Das dazugehörige Verb *khalla* bedeutet aber auch „leeren, loswerden, entäußern". Das ist es, was mit mir in der Zeit der Koranschule geschah: Durch die Trennung von meinem Zuhause verblasste alles, was ich bisher gelernt hatte. Ich wurde frei für die neuen Inhalte, die mir in der *khalwa* eingeimpft wurden.

Außerdem musste ich meine Familie loslassen und dazu das luxuriöse Leben, das ich bisher gelebt hatte. Zu Hause hatten wir mehrere Köche, einen Gärtner, einen Chauffeur und andere Hausangestellte. Bisher wusste ich nicht, was Hunger bedeutete: Meine Mutter brachte mir Essen, noch bevor ich überhaupt daran dachte. Als ihr einziger Sohn erhielt ich nur das Beste. Hier hingegen musste ich betteln gehen, um nicht zu hungern. Ich hasste es. Es war demütigend.

In dieser Zeit der Entbehrung wurde ich Teil einer neuen Familie: der *umma*, der islamischen Glaubensgemeinschaft. Das arabische Wort *umma* stammt etymologisch von dem arabischen Wort für Mutter, *umm,* ab, was schon klar zeigt, wie wichtig und wesentlich diese Gemeinschaft in der Wahrnehmung ist. „Ihr seid die beste Gemeinschaft, die für die Menschen hervorgebracht worden ist“, lasen wir im Koran[2]. Immer wieder wurde betont, wie wichtig der Zusammenhalt der Muslime ist. „Alleine bist du nichts, nur in der Gemeinschaft bist du stark.“

Wir Schüler verstanden uns als Leidensgemeinschaft. Die Aggression, die wir durch den Scheich erlebten, prägte auch unser Miteinander. Oft prügelten wir uns, weil wir nicht lernten, Konflikte friedlich zu lösen. Aber die harte Zeit, die wir durchmachten, schweißte uns als Gruppe auch zusammen; und das Betteln im Dorf machte uns bewusst, dass wir ohne die Gemeinschaft, die uns ernährte, nicht überleben konnten.

Durch das mehrfache Vorlesen der Koranverse hatten sich die Texte bis zum Mittag bereits etwas eingeprägt. Nach dem Mittagsgebet kehrten wir in unser „Klassenzimmer“ zurück. In der unerträglichen Hitze des Nachmittags wiederholten wir die Verse auf unseren Tafeln stundenlang im Chor und rezitierten weitere auswendig gelernte Koranpassagen. Vor jeder neuen Sure beteten wir zuvor als Gebet die *al-fatiha*: *„a'udhu bi-llahi min ash-shaitan-ir-rajim bi-smi-llahi rahmani rahim. Al-hamdu li-llahi rabbi-l-alamin ar-rahmani r-rahim maliki yaumi d-din …“* – „Ich suche Zuflucht bei Allah vor dem verfluchten Teufel. Im Namen Allahs, des Allerbarmers, des Barmherzigen. Alles Lob gehört Allah, dem Herrn der Welten, dem Allerbarmer, dem Barmherzigen, dem Herrscher am Tag des Gerichts …". Rhythmus und Reimschema halfen uns, die Verse zu verinnerlichen.

Noch schlimmer als die Hitze, war für mich die kaum zu ertragende Eintönigkeit, das andauernde Auswendiglernen von Versen. Ich fühlte mich wie im Gefängnis und ich wusste, dass es meinen Mitschülern nicht anders ging. Ich vermisste es, mit meinen Cousins zur Schule zu gehen und in den Pausen mit ihnen herumzualbern. Bei uns in Khartum war immer etwas los, wir hatten fast immer Besuch und ich wurde von allen als der kleine Prinz verhätschelt. Hier war ich einer von vielen und musste mich pausenlos mit Texten beschäftigen, die ich nicht verstand.

Während ich meinen Gedanken an zu Hause nachhing, pfiff die Peitsche aus Kamelleder schon wieder durch die Luft. Ahmad, mein Zimmergenosse, schrie auf. Er hatte beim Lesen und Schreiben große Probleme und war mit dem Tempo überfordert, mit dem wir die Texte abschreiben, lesen und auswendig lernen mussten. Doch der Peitschenhieb unterbrach unseren Chor nicht. Laut lasen wir alle gemeinsam weiter, während Ahmad die Tränen über das Gesicht liefen. Wir alle hassten den Scheich und die Tatsache, ihm gänzlich ausgeliefert zu sein. Wenn der Scheich so streng und brutal ist, dann ist Allah sicherlich ebenso, dachte ich mir und übertrug die Angst vor dem Scheich auf Gott. In meinem Inneren wohnte eine große Ungewissheit. Ich hatte furchtbare Angst, dass ich es nicht schaffte, den Koran auswendig zu lernen, Angst, dass Allah mich bestrafen würde. Vor allem aber hatte ich Angst davor, meine Familie nie mehr wiederzusehen. Dieses Gefühl brannte sich tief ein und sollte mich nie wieder ganz loslassen. Bis heute gibt es Momente, in denen ich die Ungewissheit und Unsicherheit aus dieser Zeit wieder spüre.

Auch wenn ich nach Wochen und Monaten der Verwirrung, Demütigung, des Zorns und der Trauer weder die schmerzenden Striemen auf meinen Schultern noch das Heimweh mehr spürte, begleitete die dumpfe, andauernde Angst mich weiterhin. Gleichzeitig wollte die zaghafte Hoffnung, dass mein Vater eines Tages wieder auf den Hof fahren und mich abholen würde, nie ganz erlöschen.

Besonderes „Tafelwasser"

Vor dem Abendgebet nutzten wir das letzte Tageslicht, um die Tinte für den nächsten Tag vorzubereiten. In der Feuerstelle, in der wir am Morgen ein Feuer gemacht hatten, fanden wir verkohltes Holz. Wir pulverisierten es mit einem Stock, vermischten es mit Harz, das wir von Kautschukbäumen gesammelt hatten und rührten so lange, bis eine schwarze, dickflüssige Tinte entstand. Diese füllten wir in kleine Gläser, in die wir am nächsten Tag unsere aus Bambus geschnitzten Federn tauchten. Dann wuschen wir uns schnell und eilten zum Abendgebet.

Nach der Waschung und dem Gebet waren wir rituell rein. Ein guter Zeitpunkt also, um auch unsere Holztafeln zu säubern. Dass wir Tafeln benutzten, um die Koranverse aufzuschreiben, und nicht Papier, hatte einen Grund: Im Koran ist von dem „ruhmvollen Koran auf einer wohlbehüteten Tafel" die Rede[3]. Jeder Punkt, jeder Buchstabe des Korans, so die Überzeugung, ist auf einer himmlischen, wohlverwahrten Tafel (*luh al- mahfuz*)[4] von Ewigkeit her bei Allah festgeschrieben. Wenn wir nun Koranverse auf unsere Holztafel schrieben, fertigten wir eine irdische Kopie dieser „wohlverwahrten Tafel" an. Vor diesem göttlichen Text hatte ich große Ehrfurcht. Machte ich einen Fehler beim Schreiben und wurde von unserem Lehrer bestraft, akzeptierte ich die Strafe auch deshalb, weil ich mich sündig fühlte: Schließlich hatte ich es gewagt, den göttlichen Text zu verändern. Daher hielt ich es für meine Pflicht, den Fehler zu korrigieren, damit Allah mich nicht mit einer Krankheit bestrafte.

Ich ging zum Brunnen der Moschee und füllte meine kleine tönerne Gießkanne (*ibriq*) mit Wasser. Die Gießkanne und die Tafel trugen wir immer bei uns, ebenso eine Bastmatte aus Palmzweigen, die als Sitzkissen und Gebetsteppich diente. Aus der Kanne tranken wir, wenn wir Durst hatten und vollzogen mit ihr die rituelle Waschung (*wudu'*) vor dem Gebet. Außerdem nahmen wir aus ihr das Wasser, um unsere Tafeln zu säubern. Mit der Gießkanne füllte ich es in eine kleine Holzschüssel. Dann holte ich meine beschriebene Tafel, tauchte meine rechte Hand in das Wasser und wischte die Tafel sorgfältig von oben nach unten und von rechts nach links ab. Penibel genau achtete ich darauf, dass kein Wasser auf den Boden tropfte, sondern alles wieder zurück in die Holzschüssel gelangte: Allahs Wort durfte auf keinen Fall weggeschüttet werden. Das Wasser, mit dem die Koranverse abgewischt wurden, galt als gesegnetes Wasser. Nach dem Reinigen trank ich die Holzschüssel deshalb bis auf den letzten Tropfen aus. Das Wasser schmeckte nach Kohle, Kautschuk und Staub.

Manchmal gaben wir das gesegnete Wasser auch dem Imam, denn einige Koranverse, die beispielsweise die Eigenschaften Gottes beschrieben, galten als besonders kraftvoll. Davon stellte der Scheich eine Medizin her, die er weiterverkaufte. Oder wir schrieben Koranverse auf Papiere, die dann zusammengefaltet in ein Lederetui gesteckt und als Amulette verkauft wurden. Die Menschen glaubten, dass gewisse Krankheiten von einem bösen Geist, einem *jinn*, kämen und nur mit heiligem Wasser geheilt werden könnten.

Nach Sonnenuntergang ging das Lernen bis etwa 22 Uhr weiter: Entweder saßen wir als Gruppe am Lagerfeuer oder wir prägten uns die Koranverse zu zweit oder zu dritt in unseren Hütten ein. Wir nutzten Kerosinlampen, die übel stanken und das Innere unserer Hütten mit ihrem Rauch schwärzten. Aber wenigstens sorgten sie dafür, dass wir unsere beschriebenen Holzbretter erkennen und lesen konnten.

Zusätzlich zum Koran lernten wir mehrere *hadithe,* also Überlieferungen des islamischen Propheten, auswendig. Bei Themen, die der Koran nicht behandelt, orientiert man sich am Vorbild Muhammads (*sunna*). Weil er das beste Vorbild ist, gilt das, was er getan, gesagt oder stillschweigend geduldet haben soll, als normativ für Muslime. In der Praxis sind diese Überlieferungen, die das Alltagsleben regeln, oft noch bedeutender als der Koran.

In den *hadithen* wird beispielsweise tradiert, wie und wie oft am Tag der islamische Prophet betete. Davon leitet sich das fünfmalige Ritualgebet (*salat*) ab. Zudem basiert das islamische Ehe- und Scheidungsrecht hauptsächlich auf den gesammelten Aussprüchen des Propheten, aber auch wirtschaftliche Angelegenheiten wie Verträge und Handel werden in den *hadithen* thematisiert, ebenso das Thema Körperpflege. So erfährt man in den Überlieferungen, wie Muhammad sich die Zähne putzte und den Bart rasierte.

Das Problem der *hadithe* ist ihre Entstehungsgeschichte: Die mündlichen Überlieferungen wurden erst zwei bis drei Jahrhunderte nach dem Tod Muhammads niedergeschrieben. Mit der Frage, welche Überlieferungen nun tatsächlich authentisch sind und vom Propheten stammen und welche nicht, beschäftigt sich eine eigene Disziplin in der traditionellen islamischen Theologie.

Da es so viele Überlieferungen gibt, überlassen die meisten Muslime die Interpretation der *hadithe* islamischen Rechtsgelehrten beziehungsweise Rechtsschulen, denen sie dann folgen und deren Meinung sie übernehmen.

Für mich waren die Überlieferungen verständlicher als die Koranverse, da sie aus einfachen, normalen Sätzen bestanden. Die meisten der *hadithe*, die wir uns merken mussten, verherrlichen Gewalt, glorifizieren die *umma* und werten alle Menschen ab, die nicht zur islamischen Gemeinschaft gehören. In meiner Welt gab es nicht Gläubige und Andersgläubige, ich kannte nur Gläubige und Ungläubige.

Aufstehen, beten, Koranverse schreiben, beten, Koranverse im Dorf vorlesen, beten, Koranverse auswendig lernen, beten, Koranverse weiter auswendig lernen, beten, schlafen: In den zwei Jahren in der Wüste lief jeder Tag fast gleich ab. Für uns Kinder im Grundschulalter war dieser Unterricht eine pädagogische Katastrophe. Heute jedoch bin ich überzeugt davon, dass diese Phase der Kindheit, in der man besonders aufnahmefähig und beeinflussbar ist, bewusst genutzt wurde, um in uns die Prinzipien eines strengen, konservativen und politischen Islam einzupflanzen.

Wir lernten den Koran auswendig, der Muslimen als ewiges, unverändertes Wort Gottes gilt. Seine Verse mussten wir lernen, respektieren und akzeptieren, ohne sie zu verstehen. Die Wahrscheinlichkeit, den Inhalt dieser Worte später infrage zu stellen, ist nach einer so intensiven Prägephase sehr gering. Selbst wenn jemand viele Jahre später zu uns sagt: „Die Ungläubigen sollen getötet werden", wird etwas in uns aktiviert, das wir verinnerlicht haben: Ein passender Koranvers oder ein *hadith* kommt uns sofort in den Sinn. Was passieren kann, wenn solche Verse reaktiviert werden, habe ich selbst erlebt.

Wenn uns die Müdigkeit dann endlich übermannte, fielen wir auf unseren dünnen Matratzen, die uns in den ersten Monaten als Unterlage dienten, in einen traumreichen Schlaf. Nach einigen Monaten, als wir schon mehrere Suren auswendig kannten, erhielten wir zur Belohnung ein Bettgestell, beziehungsweise einen Holzrahmen auf vier Baumstämmen, der mit sehr dünnen Streifen aus Kuhhaut bezogen worden war. Diese in der Sonne getrocknete Kuhhaut diente als Rost, auf das wir die Matratze legten. Außerdem bekamen wir eine dünne Decke, die uns wenigstens ein bisschen vor der nächtlichen Eiseskälte in der Wüste schützte.

Dennoch weckte mich die Kälte der Nacht häufig auf. Konnte ich nicht wieder einschlafen, setzte ich mich bibbernd und zähneklappernd vor der Hütte in den Sand und schaute in den Nachthimmel, dessen Sterne so viel heller funkelten als zu Hause in Khartum.

In diesen Nächten fühlte ich mich sehr einsam. Immer wieder drängte sich die Frage in mein Bewusstsein, warum mein Vater mich hier zurückgelassen hatte. Er meinte es bisher doch immer gut mit mir. „Wenn er mich hierhergebracht hat, dann kann das nicht falsch sein", versuchte ich mir einzureden. Und trotzdem fühlte ich mich in diesen eisigen Wüstennächten, in denen mir jede Geborgenheit fehlte, am falschen Ort. Es kostete mich meine ganze Kraft, tapfer zu sein. Obwohl ich die emotionale Reife, diese Einsamkeit auszuhalten, in meinen jungen Jahren noch gar nicht besitzen konnte, erwartete meine Familie, allen voran mein Vater, genau das von mir: Ich war ein Kind, sollte jedoch erwachsen sein. Ich zerbrach fast an dieser unerfüllbaren Erwartung. Es ist eine Sache, Einsamkeit auszuhalten, wenn man weiß, dass und wann sie endet. Kennt man diese zeitliche Dimension jedoch nicht, zieht die Einsamkeit einen noch viel intensiver in ihren Bann, weil alles so perspektivlos scheint.

Nach zwei langen Jahren sah ich ihn dann endlich wieder. Er ging über den Hof und kam auf unsere Hütte zu, in der wir Unterricht hatten – genau so, wie ich es mir unzählige Male in meinen Träumen ausgemalt hatte. Wir saßen, wie jeden Tag, im Kreis um den Scheich. „Salam aleikum", grüßte mein Vater in die Runde. Als er mich entdeckte, strahlte er. Ich blieb für einige Momente wie versteinert mit der Tafel in der Hand sitzen und starrte meinen Vater ungläubig an. Nach dieser langen Zeit erkannte ich ihn kaum noch. Außerdem hatte ich schon fast die Hoffnung aufgegeben, dass er mich jemals wieder abholen und nach Hause bringen würde. „*Ibni* – mein Sohn", sagte er. Seine Stimme löste mich aus meiner Erstarrung. Ich sprang auf und wollte ihm entgegenrennen, doch dann zögerte ich. Zu rennen wäre nicht schicklich gewesen, meine *jallabiya* hätte nach oben rutschen und den Blick auf meine Unterwäsche freigeben können.

Um meinen Vater nicht zu beschämen, unterdrückte ich meine Freude also. „Vater!“, rief ich und ging ihm schnellen, aber beherrschten Schrittes entgegen.

Als wir endlich in sein Auto stiegen und wegfuhren, war ich überglücklich. Nach der letzten Erfahrung mit meinem Vater blieb jedoch eine große Unsicherheit. Holte er mich vielleicht nur für einen Ausflug ab und brachte mich danach wieder zurück in die Koranschule, in mein einsames Leben? Erst als wir nach einer nicht enden wollenden, schweigsamen Autofahrt die Ortsgrenze von Khartum passierten, konnte ich mein Glück fassen. Endlich war ich wieder zu Hause!

Ich glaube nicht, dass meine Mutter wusste, dass mein Vater unterwegs war, um mich abzuholen. Sie war sehr überrascht, mich zu sehen. Genauso liebevoll, wie ich es mir so lange Zeit gewünscht hatte, umarmte und küsste sie mich. Wie ich das genoss, endlich wieder in ihren Armen zu sein! Sie stimmte eine *zaghruta* an, einen hohen, schrillen Freudenjubel, so wie es Frauen in der arabischen Welt auch bei Hochzeiten und anderen freudigen Anlässen machen. Daraufhin kamen einige Nachbarinnen, weil sie wissen wollten, was es zu feiern gab. Alle begrüßten mich, aber ich spürte, dass sie mich anders, respektvoller behandelten als früher. Ich war nicht mehr der kleine Junge, als der ich weggegangen war; sie sahen mich als Mann an, als einen *hafiz*, der Ansehen hatte, weil er den ganzen Koran auswendig konnte.

Am darauffolgenden Abend gab es ein riesiges Fest in unserem Hof. Viele unserer Nachbarn und Verwandten kamen zu einem üppigen Abendessen zusammen. Mein Vater ließ sich nicht lumpen und für das Festmahl einige Tiere schlachten. In unserer Moschee gab es einen Koran-Rezitationskreis, dessen Mitglieder als Ehrengäste geladen waren. Ich musste mich zu ihnen setzen und mit ihnen gemeinsam den Koran innerhalb einer Nacht aufsagen. Nur zum Gebet unterbrachen wir unsere Rezitation. Hoffentlich kommt der Kreis nicht jeden Abend in unser Haus, dachte ich im Stillen. Mein Großvater und mein Vater saßen in unserer Nähe, beobachteten mich und strahlten vor Stolz. Viele der Gäste gingen zu ihnen, um zu gratulieren. Zur Belohnung schenkte mein Vater mir an diesem Abend ein Kamel. Kamele waren bei uns Fortbewegungsmittel, galten aber auch als Symbol für Status und Reichtum. Es war ein sehr großzügiges Geschenk, so wie wenn ein Jugendlicher hierzulande zum 18. Geburtstag einen Porsche von seinen Eltern geschenkt bekommen würde. Auch ich war stolz, weil ich merkte, dass sich an diesem Abend alles um mich drehte. Ich wusste allerdings nicht genau, warum das alles mit mir zu tun haben sollte. Ich war nur heilfroh, wieder ein normales Leben bei meiner Familie führen zu können. Schon während des gesamten Festes freute ich mich auf mein weiches, komfortables Bett, nachdem ich jahrelang auf einer dünnen, unbequemen Matratze schlafen musste. Ich war aber auch sehr stolz darauf, nun ein besserer Muslim zu sein und als Mann und *hafiz* in meiner Familie ein gewisses Ansehen zu genießen. Wenn ich etwas sagte, respektierten es die anderen Familienmitglieder. Wenn mein Großvater zu Besuch kam, gab es im Männerwohnzimmer immer eine feste Sitzordnung. Vor der Zeit in der Koranschule saß ich wie die anderen männlichen Enkel weit entfernt von meinem Großvater am anderen Ende des Raumes. Nun, nach dem Aufenthalt in der Koranschule, durfte ich auf dem Ehrenplatz links neben ihm sitzen. So merkwürdig es klingt: Im Nachhinein war ich überzeugt, dass die harte und schwierige Zeit in der Koranschule das Beste war, was mir jemals hatte passieren können.

KAPITEL 2

Khartum – Eine Stadt voller Verwandter

Nach den Jahren in der Koranschule war ich überglücklich, wieder in unserem Viertel zu wohnen. Obwohl es zu Khartum gehörte und nur etwas außerhalb vom Stadtzentrum direkt am Blauen Nil lag, war es ein kleines Dorf für sich. Ich liebte den Markt, der täglich frisches Obst und Gemüse anbot, die kleinen Läden in den Straßen, und freute mich, wieder draußen auf der Straße bei meinen Onkeln und Cousins zu sein. In den vergangenen zwei Jahren hatte sich so viel verändert – ich mich auch. Ich war disziplinierter geworden und hatte die Gebetszeiten so verinnerlicht, dass ich bereits vor dem Ruf der Muezzine um vier Uhr morgens aufwachte und im Gebetsraum der Moschee unseres Viertels saß und wartete, bis auch mein Vater zum Morgengebet kam.

Mit allen etwa 2300 Menschen, die in unserem Viertel lebten, war ich verwandt. Alle gehörten zu unserem riesigen Clan. Oft übernachtete ich nicht zu Hause, sondern bei einer Tante oder einem Onkel. Das war für meine Eltern in Ordnung, sie wussten, egal wo ich mich aufhielt war ich gut aufgehoben. Jeder fühlte sich für mich verantwortlich und erzog mich mit.

Unsere Familie hielt zusammen. Fremde dagegen hatten es schwer: Meist blieben sie nicht lange. Sie wurden systematisch von uns ausgegrenzt und so lange terrorisiert, bis sie ihr Haus verkauften und das Viertel wieder verließen. Familie ist alles, Fremde sind nichts – das musste auch meine Mutter erfahren. Sie stammt aus einem anderen

Clan und litt sehr darunter, dass ihr immer wieder das Gefühl vermittelt wurde, nicht dazuzugehören.

Mein Vater lernte meine Mutter durch einen Studienfreund kennen. Sie war dessen Schwester, eine kleine, zierliche Frau, die immer strahlte und fröhlich zu sein schien. Er fand sie sympathisch und wollte die Beziehung zu seinem Freund stärken. Deshalb ging er zu meinem Großvater und bat ihn um Erlaubnis, sie zur Frau zu nehmen. Mein Großvater machte eine Ausnahme und ließ zu, dass sein Sohn eine Frau außerhalb der Verwandtschaft heiratete. Schon damals wussten mein Vater und er, dass die Familie mütterlicherseits der Mahdi-Bewegung im Sudan angehörte und dass sie Sufis, also islamische Mystiker, waren und nicht wie unser Clan einen Schriftislam lebten. Mein Großvater missbilligte dies von Anfang an. Und als mein Vater begann, seinen Glauben immer strenger zu leben, störte auch ihn diese Tatsache zunehmend.

Ich erinnere mich daran, dass wir Kinder unsere Verwandtschaft mütterlicherseits wenige Male in ihrem Dorf Rufa'a besuchten, das etwa 130 Kilometer südöstlich von Khartum am Blauen Nil liegt. Zum ersten Mal in meinem Leben erlebte ich dort, dass Frauen sangen – und das, obwohl dies im Islam verboten ist, wie ich in der Koranschule gelernt hatte. Stundenlang saß meine Mutter mit ihrer Verwandtschaft abends auf dem Hof und sang immer dieselben zwei Worte: *Allah hay* (Gott ist lebendig). Dabei wiegten sie ihren Oberkörper tausende Male vor und zurück. Mit diesem meditativen Gesang suchten meine Mutter und ihre Familie die Nähe Gottes.

Die Lieder faszinierten mich, erschreckten mich gleichzeitig aber auch sehr. Diese Menschen können keine Muslime sein, wenn sie so etwas tun, dachte ich mir. Außerdem hatten sie die *salahin,* die Heiligen, zum Vorbild. Ihre Weisheiten und Beispiele waren für sie maßgeblich, mehr als das Leben Muhammads.

Für meinen Vater waren nicht die Heiligen das Vorbild, sondern er versuchte Mohammad und den *salaf* in allen Dingen nachzufolgen.

Seit ich mich erinnern kann, fastete er jeden Mittwoch. Und nach dem Nachtgebet am Donnerstag rezitierte er zusammen mit meinem Großvater den Koran bis zum Morgengebet am Freitag. Zwischendurch beteten sie 13 Gebetseinheiten *(rak'a)*. Diese Mühen nahm er auf sich, weil er wollte, dass Allah ihn annimmt, und weil er seine Nähe suchte.

Als ich meinem Vater eines Tages von den Gesängen bei der Familie meiner Mutter erzählte, wurde er sehr zornig und verbot uns Kindern, die Verwandtschaft nochmals zu besuchen. Auch meine Mutter sah ihre Eltern und Geschwister ab da nur noch selten. Doch egal ob meditative Lieder oder Fasten und Koranrezitieren: Obwohl meine Eltern eine sehr unterschiedliche Frömmigkeit lebten, waren beide darum bemüht, Gott nahezukommen und ihm zu gefallen.

Meine Mutter hatte es in unserer konservativen Familie nicht leicht. Sie wusste, dass alle in unserem Clan auf sie und ihre Verwandtschaft herabschauten, weil sie sie nicht für rechtgläubig hielten. Deshalb unterwarf sie sich der Familie ihres Mannes und versuchte, sich in allem anzupassen. Als Fremde wollte sie so wenig wie möglich auffallen. Sie war aus ihrer Familie entwurzelt und sehnte sich danach, zu unserer Familie zu gehören.

Schon als mein Vater sie kennenlernte, trug sie selbstverständlich ein *hijab*, ein Kopftuch. Doch als ich elf Jahre alt war und mein Vater immer strenggläubiger wurde, verlangte er von ihr, in der Öffentlichkeit einen Gesichtsschleier zu tragen. Das tat sie auch, um ihm zu gefallen. Sie durfte das Haus nicht mehr alleine und nur mit Erlaubnis meines Vaters verlassen; entweder war ich mit ihr unterwegs oder eine andere männliche Begleitung aus der Familie. Dafür fand mein Vater religiöse Begründungen, aber auch sein Prestige spielte eine große Rolle. Er wollte nicht, dass andere sagten: „Schau, seine Frau verlässt unbeschützt das Haus, so als ob sie keine Familie hätte." Auch bei meinen drei Schwestern wurde darauf geachtet, dass sie sich ehrenhaft verhielten: Schon im Alter von sieben Jahren begannen sie auf Wunsch meines Vaters den *hijab* zu tragen.

Wie bei streng konservativen Muslimen üblich, gab es auch bei uns eine strikte Geschlechtertrennung: Wenn Gäste uns besuchten, trennten sich die Familien schon vor unserer Haustür. Wir hatten zwei verschiedene Haustüren, eine für Frauen, eine für Männer. Selbst die Wohnzimmer und Toiletten waren in verschiedenen Haustrakten, sodass die fremden Männer unsere Frauen nicht sahen und die fremden Frauen keinem einzigen Mann aus unserer Familie begegneten. Wenn der männliche Gast nach Hause gehen wollte, schickte er ein Kind in den Frauenbereich, um seiner Frau Bescheid zu geben, und erst auf der Straße kam die besuchende Familie wieder zusammen.

Selbst in unserer Familie gab es keinen natürlichen Umgang zwischen den Geschlechtern. Ich hatte nur wenig mit meinen Schwestern zu tun, weil ich von Anfang an anders behandelt wurde als sie: Meine Schwestern lernten von unserer Mutter, einen Haushalt zu führen und bereiteten sich auf ihre spätere Aufgabe als Ehefrau und Mutter vor. Ich hingegen wurde auf meine zukünftige Rolle als Führer unseres Clans vorbereitet, eine Position, die ich mir nicht selbst ausgesucht hatte. Mein Vater wollte Nachfolger seines Vaters werden und ich sollte darauf folgen. In meiner Erziehung spiegelte sich seine Erziehung wider: „Richtige Männer spielen nicht", sagte mein Vater zu mir und nahm mich zu Sitzungen, Beratungen und in die Kaserne mit. Also spielte ich eben nicht Fußball, sondern mit Kalaschnikows, die ich schon mit zehn Jahren in kürzester Zeit auseinander- und wieder zusammenbauen konnte.

Auch unser Schulsystem war geschlechtergetrennt: Meine Schwestern besuchten eine andere Schule als ich. War mein Vater nicht zu Hause, übernahm ich schon als Kind seine Rolle als Familienoberhaupt und meine Mutter und Schwestern verhielten sich dementsprechend. Schon früh wurde mir beigebracht, dass Frauen nichts zu sagen und „Mängel in Vernunft und Glauben" haben, wie ein *hadith* aus der Buchari-Sammlung besagt.[5] Ich kannte damals keine Frau, die ihr eigenes Geld verdiente. Alleine, außerhalb der Familie, wohnen nur die unmoralisch lebenden Frauen, sagte man mir. Diese Männergesellschaft prägte mich.

Mein Großvater und mein Vater hatten aus ihrem „Fehler" mit meiner Mutter gelernt. Sie entschieden, dass wir Kinder keine Fremden heiraten sollten, sondern innerhalb der Familie. Dies hatte auch den Vorteil, dass das Vermögen und alle Geheimnisse der Familie im Clan blieben. Somit war sichergestellt, dass die Kinder, die aus der Ehe hervorgingen, keinen Onkel oder Großvater aus einer schlechten Familie bekämen.

Schon im Kindesalter wurden meinen Schwestern Cousins aus unserer Familie versprochen, die sie später dann auch heirateten. Arrangierte Ehen sind in unserer Kultur üblich. Ich kannte es nicht anders. Auch ich wusste, seit ich mich erinnern kann, dass ich später meine Cousine Iman heiraten sollte. Seitdem investierte mein Onkel in mich als seinen zukünftigen Schwiegersohn und erzog mich mit. Er wollte schließlich später einen guten Mann für seine Tochter. Andersherum war es ähnlich: Mein Vater beteiligte sich an den Schulgebühren für seine zukünftige Schwiegertochter und meine Mutter hatte ein Auge auf die Cousine, damit sie ein ehrenhaftes Mädchen wurde. Jeder wusste, dass wir beide einmal heiraten werden, und auch für mich war damit das Thema Partnersuche erledigt.

Man kann diese patriarchalen Strukturen kritisieren und sich aus gutem Grund gegen arrangierte Ehen aussprechen. Sie sorgen vor allem dann für große Probleme, wenn die eigene Wahl auf einen anderen Partner fällt als die der Eltern. Damals kannte ich es aber nicht anders und wurde nicht dazu erzogen, Entscheidungen selbst zu treffen. Für mich war es keine willkürliche Angelegenheit, dass meine Familie mich meiner Cousine versprochen hatte, denn ich hatte Vertrauen in meinen Vater und Großvater und zweifelte nicht daran, dass sie das Beste für mich wollten. Ich wusste, sie würden im Ernstfall einen Krieg für mich führen und sogar ihr Leben für mich lassen. Wer gegen mich war, stellte sich gegen den gesamten Clan. Diese bedingungslose Loyalität gab mir Sicherheit und Geborgenheit.

Und diese Fürsorge endete nicht mit der Hochzeit. Ich hatte schon öfter erlebt, dass die Familie sich kollektiv dafür verantwortlich fühlte, dass eine arrangierte Ehe funktionierte. Gab es Eheprobleme, dann blieben diese keine Privatangelegenheit des Paares, sondern wurden als Aufgabe für die gesamte Familie betrachtet. Man mischte sich ein. Wurde zum Beispiel eine Frau von ihrem Mann regelmäßig brutal geschlagen, redete der Vater der Frau mit dem Vater und dem Bruder des Ehemannes. Diese wiederum suchten das Gespräch mit dem Ehemann. So konnte der sein Verhalten ändern, ohne sein Gesicht zu verlieren.

Der Clanchef

Wenn ich an meinen Großvater denke, taucht vor meinem inneren Auge immer das Bild seines *diwan* auf, der entlang der Wände mit rot-weißen Sitzkissen ausgelegt ist und als Empfangszimmer für Gäste diente. Auf diesen mit Ornamenten verzierten Kissen verbrachten mein Vater, andere männliche Verwandte und ich viele Stunden. Jeder, der das Männerwohnzimmer betrat, wusste sofort, wer hier das Sagen hatte: Etwas erhöht thronte mein Großvater auf dickeren Polstern in der Mitte der Sitzgruppe, seine Arme ruhten dabei auf Kissen, die mit goldenen Fäden bestickt waren. In der Mitte des Raumes befand sich ein großer Orienteppich, auf dem meist ein silbernes Tablett mit Tee, arabischen Süßigkeiten und Datteln stand. Wenn wir durch die große, dunkelbraune Holztür in den Raum kamen, berührten wir als Zeichen des Respekts und der Demut vor unserem Großvater zuerst mit unserer Hand den Teppich unter seinen Füßen. Dann beugten wir uns nach vorne, küssten den Ring seiner rechten Hand zur Begrüßung, unser Großvater wiederum küsste unseren Kopf oder legte segnend die Hände auf uns. Mein Vater, die zweitwichtigste Person im Clan, durfte den Großvater im Stehen auf die Wangen küssen.

Immer wenn ich ihn begrüßte, roch ich sein starkes Parfüm aus Sandelholz, Moschus und Weihrauch. Mein Großvater liebte die edlen Düfte, die er sich aus dem Jemen und Oman liefern ließ. In seinem Schlafzimmer stand ein ganzer Schrank voller Parfümfläschchen. Wenn er Gäste erwartete, ließ er extra Weihrauch auf glühende Kohlen legen, damit das ganze Haus von dem Duft erfüllt wurde. Sprach mein Großvater mit seiner durchdringenden, tiefen Stimme, wagte es niemand, ihn zu unterbrechen. Voller Begeisterung berichtete er uns, dass sein Vater beim Mahdi-Aufstand gegen die ägyptische Herrschaft in den Sudanprovinzen und gegen den Kolonialismus gekämpft hatte. Höhepunkt seiner Erzählung war die zehnmonatige Belagerung Khartums und die anschließende Schlacht, in der 50 000 Mahdi-Anhänger die Stadt stürmten und den Generalgouverneur der ägyptischen Provinz Sudan, Charles George Gordon (1833–1885), köpften. Mein Großvater nannte den britischen General „das Schwein aus England". Für ihn war die Schlacht ein großartiger Sieg, weil er in ihr den Anfang vom Ende der britischen Fremdherrschaft über den Sudan sah.

„Schau dir meinen Ring an", sagte mein Großvater nach einer seiner Erzählungen zu mir, und streckte mir den silbernen Ring seiner rechten Hand entgegen, in dem ein blauer Stein eingefasst war. Den Ring, dessen Stein direkt aus Mekka stammte, hatte er von seinen Vorfahren geerbt. „Auch dein Urgroßvater trug ihn bei der Schlacht in Khartum", erklärte er mir. „Der Ring gab ihm Stärke, deshalb hat er viele Engländer umgebracht", ließ er uns glauben, und dass der Stein immer wieder nachts leuchtete. Seine stundenlangen Erzählungen der tapferen und heldenhaften Vorfahren unseres Clans erfüllten mich mit Stolz. Ich hörte ihm gerne zu und genoss seine Gegenwart. Er hatte eine geheimnisvolle Aura und viele Menschen kamen zu ihm, dem Scheich, um seinen Rat zu erhalten, oder baten ihn, für sie ein Gebet, eine *du'a* zu sprechen. Mein Großvater, der einen weißen Turban und eine weiße *jallabiya* trug, galt als islamischer Gelehrter (*faqih*). Er hatte kein politisches Amt inne, beriet aber als geistliche

Instanz viele Politiker, wodurch er im Hintergrund zahlreiche wichtige politische Entscheidungen beeinflusste und steuerte. Seit dem Ende der Kolonialzeit und der Unabhängigkeit des Sudans im Jahr 1956 spielen in der Regierung drei Familienclans eine zentrale Rolle: Die Familie al-Mahdi, die Familie al-Mirghani, zu der die Familie meiner Mutter gehört, und die Turabis.

Unser Clan gehört zur Turabi-Familie. Der Großcousin meines Großvaters war Hasan at-Turabi (1932–2016), der maßgeblich für die Einführung der Scharia im Sudan verantwortlich war und damit „den ersten islamistischen Staat in der arabischen Welt"[6] aufbaute. Von den Ideen der ägyptischen Muslimbrüder beeinflusst, gründete er im Jahr 1967 die Islamic Charter Front, die die Ideen der Muslimbrüder politisierte und im Lande verbreitete.[7] Hasan at-Turabi war häufig zu Besuch bei uns und kannte auch meinen Vater gut, der zu einem der ersten Muslimbrüder im Sudan gehörte. Turabi und er waren ehemalige Klassenkameraden an der britischen Eliteschule „Hantub-Highschool" in Wad Madani.

Die Muslimbruderschaft, die 1928 von dem Volksschullehrer Hasan al-Banna (1906–1949) in Ägypten gegründet wurde, gilt als „Mutter fast aller anderen islamistischen Gruppen in der arabischen Welt und darüber hinaus".[8]

Für al-Banna war der Islam nicht nur eine Religion, sondern ein umfassendes System, das sich auf jeden Lebensbereich bezieht und Lösungen für alle Probleme anbietet. „Der Islam ist die Lösung" lautet deshalb auch der bekannteste Slogan der Muslimbrüder. Dabei wird der Islam als untrennbare Einheit von Religion und Politik definiert, die Einführung der Scharia ist sein erklärtes Ziel.

Von muslimischer Seite wird zwar stets betont, dass Islamismus nichts mit dem Islam zu tun habe. Doch das stimmt meiner Meinung nach nicht: Der Islamismus ist eine legitime Spielart des Islam und seine Anhänger können sich in ihrem Handeln auf die islamischen Quellen berufen.

Natürlich sind nicht alle Muslime Islamisten: Nicht jede gläubige Muslimin, die betet oder der Nachbar, der im Ramadan fastet, lebt einen politischen Islam, der die Gesellschaft verändern und die eigenen Glaubensüberzeugungen zur verpflichtenden Norm für alle erheben will. Muslime, die ihren Glauben im Privaten ausleben und von den Werten des Grundgesetzes und der Demokratie überzeugt sind, sollten ihren Glauben in Deutschland in aller Freiheit leben können.

Dem Verfassungsschutz zufolge sind rund 24.400 der geschätzten fünf Millionen Muslime hier in Deutschland Islamisten.[9] Allerdings gibt es eine weitaus größere Zahl von Menschen, die mit den Gedanken der Islamisten sympathisieren, die ebenso wie sie Andersdenkende und -gläubige ablehnen und Gewalt in bestimmten Fällen befürworten.[10] Sie sind anfällig für weitere Radikalisierung und „der Pool, in dem Islamisten fischen“[11]. Geht es um Fragen der Integration und Sicherheit, sollten diese Menschen und ihre Einstellungen meiner Ansicht nach ebenfalls im Blick sein.

Ein Kind wirbt für den Dschihad

Wenige Tage nachdem ich von der *khalwa* nach Hause gekommen war, besuchten zehn afghanische Wanderprediger die Moschee in unserem Viertel. In ihren Kaftanen und Turbanen sahen sie aus wie Taliban und heute gehe ich davon aus, dass es auch tatsächlich welche waren.

In sehr gebrochenem Arabisch sprachen sie von der Lage in Afghanistan, dem Kampf gegen die Russen und wie schlecht es den Glaubensgeschwistern dort ginge. Sie warben dafür, ihre Landsleute mit Geld zu unterstützen oder sogar selbst in den Dschihad zu ziehen. Mit ihren hölzernen Wanderstäben zogen sie von Moschee zu Moschee, um Muslime aus dem Sudan für ihr Anliegen zu gewinnen.

Mich faszinierten diese einfach gekleideten Menschen, die direkt aus dem Kriegsgebiet kamen. Für mich waren sie bessere Muslime als wir, da sie ihre Kraft und Zeit Allah opferten. Sie erzählten, dass sie Allah drei Jahre ihres Lebens versprochen hatten, um herumzureisen und Missionarsarbeit zu leisten, also *da'wa* zu machen. Am Schluss fragten sie die Zuhörer: „Wer will auch Zeit für Allah geben und eine Woche oder einen Monat mit uns gehen?"

Ohne zu zögern hob ich meine Hand, und das, obwohl ich eigentlich bei einer solchen Entscheidung meinen Vater um Erlaubnis hätte fragen müssen. Doch aus den Augenwinkeln nahm ich wahr, dass dieser über meine Reaktion überglücklich war. Einer der Sudanesen, der die Afghanen begleitete, kam auf mich zu und ließ mich aufstehen. „*Ma sha' Allah*", rief er entzückt aus, als er erfuhr, dass ich zehn Jahre alt war und gerade von der Koranschule kam. „Schaut euch diesen kleinen Jungen an, der schon in seinem zarten Alter Allah folgt und mit uns *da'wa* machen will!"

Mein Vater und er einigten sich darauf, dass ich zehn Tage mit ihnen reisen durfte. Jeden Tag verbrachten wir in einer anderen Moschee und die Afghanen baten dort um Hilfe für ihre Geschwister. „Wenn du gute Taten für Allah vollbringen willst, dann folge uns", riefen die Wanderprediger der Gemeinde zu.

In jeder Moschee wurde ich als Musterbeispiel hervorgehoben. „Wenn selbst schon dieser kleine Junge mit uns geht, wie viel mehr sollten dann die Erwachsenen überlegen, eine Zeit mit uns zu reisen", sagten sie. So schlossen sich uns immer mehr Männer an. Manche kamen mit, weil sie schon Wochen oder Monate das fünfmalige tägliche Gebet vernachlässigt hatten und versuchten, durch eine intensive Zeit für Allah genügend gute Taten anzusammeln, um dies wieder wettzumachen.

Auf unserer Wanderschaft verbrachten wir die meiste Zeit in den Moscheen und übernachteten auch dort: Wir beteten viel gegen die ungläubigen Russen und lasen den Koran. Der Imam und die Gläubigen der jeweiligen Moschee ließen uns mit Essen versorgen, weil dies zu deren Gastgeberpflichten gehörte, aber auch weil sie glücklich waren, dass unsere Anwesenheit ihre Moschee außerhalb des Freitagsgebets füllte.

Diese Geschichte zeigt mir, dass mich der Scheich in der Koranschule wesentlich mehr geprägt hatte, als ich es damals ahnte. Ohne großes Überlegen schnellte meine Hand empor, als es darum ging, Dschihadisten zu unterstützen. Da ich zwei Jahre von zu Hause weg war, machte es mir auch nichts aus, meine Familie nochmals für zehn Tage zu verlassen. Mir gefiel die Rolle des frommen Jungen, der von allen für seinen Glauben und Einsatz für Allah bewundert wurde. Seit der *khalwa* fühlte ich mich als besserer Mensch.

Familie ist das Wichtigste

Ebenso wie für meinen Großvater waren unsere Vorfahren auch für meinen Vater sehr wichtig. Die Geschichte der Familie musste bewahrt werden. Aus diesem Grund bekam ich nicht nur einen Namen, sondern viele weitere Namen von Vorfahren meiner Familie.

Meinen Vornamen hatte sich mein Vater gut überlegt. Er freute sich riesig, als ihm 1972 als erstes Kind ein Stammhalter geboren wurde. Zu der Zeit lebte er für ein Jahr in al-Ubayyid, wo er für das Militär verantwortlich war.

Direkt nach meiner Geburt flüsterte er mir die *shahada*, das islamische Glaubensbekenntnis, ins rechte Ohr. „Ich bezeuge: Es gibt keine Gottheit außer Allah und Muhammad ist sein Gesandter." Als unsere Verwandtschaft in Khartum von meiner Geburt gehört hatte, mieteten sie zwei Busse und fuhren die rund 400 Kilometer nach al-Ubayyid. Vor Freude über meine Geburt ließ mein Vater sieben Kühe und sechs Schafe schlachten. Zusammen mit unserer Familie, mit Freunden und anderen Familien feierte er eine Woche lang die Geburt seines Sohnes. Erst als sich die Gäste nach einer Woche verabschiedeten, verriet er ihnen meinen Vornamen. „Mein Sohn soll Yassir heißen", verkündete er feierlich. Seitdem wurde er von allen *„Abu Yassir"* – Vater von Yassir – genannt. Anhand der Geburten meiner Schwestern wird sehr deutlich, wie unterschiedlich die Wertigkeit von Männern und Frauen in unserer Kultur ist: Für keine meiner drei jüngeren Schwestern gab es ein rauschendes Fest. Vielmehr trauten Freunde und Verwandte sich kaum, meinem Vater zu seinen weiteren Kindern zu gratulieren, um ihn nicht in Verlegenheit zu bringen, weil er „nur" eine Tochter bekommen hatte.

Mein Vater glorifizierte den Palästinenserführer Yassir Arafat (1929–2004). Die Staatsgründung Israels war für ihn die größte Ungerechtigkeit auf Erden. Als die Israelis zu Beginn des Sechstagekrieges Ägypten angriffen, war mein Vater gerade dort in der militärischen Akademie. Ohne zu zögern wurde er spontan ein Teil der ägyptischen Armee und kämpfte gegen Israel. Trotz aller Übermacht hatten die arabischen Staaten diesen Krieg verloren, eine Schande, die er ebenso wie die gesamte arabische Welt nur schwer verkraften konnte.

Zwei Monate nach dem Sechstagekrieg verabschiedeten die Führer acht arabischer Staaten die Khartum-Resolution mit den drei berühmten „Neins": Kein Frieden mit Israel, keine Anerkennung Israels und keine Verhandlungen mit Israel. Dies war ein Versuch, die Ehre der arabischen Welt wiederherzustellen.

Ein Jahr nach meiner Geburt wurde mein Vater erneut vom ägyptischen Heer rekrutiert, um im Jom-Kippur-Krieg 1973 mitzukämpfen. Auch hier mussten die arabischen Staaten, die Israel während des jüdischen Festtages überraschend angriffen und Anfangserfolge erzielt hatten, schlussendlich eine Niederlage hinnehmen. Es gelang ihnen wieder nicht, das „besetzte Palästina“ zu „befreien“. Aus diesem Grund fühlte mein Vater sich mitverantwortlich dafür, dass die Palästinenser zu Flüchtlingen ohne Staat wurden.

Yassir Arafat, ab 1969 Vorsitzender der palästinensischen Befreiungsorganisation PLO, war für viele Anschläge auf israelische Ziele verantwortlich, bevor er seinen Kurs in den 90er-Jahren änderte und Friedensverhandlungen mit Israel aufnahm. Die PLO hatte es sich anfänglich zum Ziel gesetzt, den Staat Israel zu zerstören und einen palästinensischen Staat zu errichten. Mit meiner Namensgebung wollte mein Vater öffentlich zeigen, dass er die „palästinensische Sache“ aus vollstem Herzen unterstützte.[12]

Jedes Mal, wenn sich palästinensische Selbstmordattentäter in Israel in einem Café, einem Militärstützpunkt oder Hotel in die Luft sprengten, feierten wir diese Terroristen als Märtyrer. Sie waren für uns Helden. Je mehr Menschen sie mit in den Tod rissen, umso besser. Dieser unbändige Hass gegen die Israelis entstand durch eine völlig verzerrte Sicht auf die Geschichte: Mein Vater erzählte mir, dass die Juden nach der Balfour-Deklaration 1917 aus Europa kamen, und den Palästinensern ihr Land Stück für Stück abgekauft hatten. Dass es schon vor dieser Zeit Juden in Palästina gab und über die ganzen Jahrtausende immer auch Juden im Heiligen Land lebten, wusste ich nicht.

Auch unsere Religion trug dazu bei, dass wir Juden hassten. Im Koran werden Juden als „Nachkommen von Affen und Schweinen“[13] bezeichnet. Zudem gelten sie in der islamischen Tradition als Verräter, weil sie den islamischen Propheten kannten und dennoch nicht Muslime wurden.

Als Kinder sahen wir Zeichentrickfilme, die zeigten, wie die Juden sich in Medina gegen Muhammad verschworen. Diese Figuren mit Kippa, dicken Nasen und fratzenartigen Gesichtern lästerten über unseren Propheten und nahmen seine Botschaft nicht an. Das regte mich schon als Kind auf und ich begann alle Juden zu hassen, obwohl ich noch keinem einzigen von ihnen begegnet war.

Ich wusste damals nicht einmal, dass es im Sudan sogar eine kleine jüdische Gemeinde gab. Etwa 500 bis 1000 Juden lebten in Khartum und Umgebung. Der einzige Optiker in der sudanesischen Hauptstadt war ein Jude, 1956 wurde sogar eine Jüdin zur Miss Khartoum gewählt. Allerdings nahm die Judenfeindlichkeit im Sudan durch die Staatsgründung Israels und den Sechstagekrieg so sehr zu, dass sie das Land verlassen mussten. Dieses Kapitel, ebenso wie die reiche christliche, vorislamische Geschichte des Landes, wurde in unseren Geschichtsbüchern völlig verschwiegen.[14]

Wenn mich jemand in dieser Zeit gefragt hätte „Wer bist du?", hätte ich mich nur mit meinem Namen vorstellen müssen, und allen wäre klar gewesen, dass ich aus einem bekannten Clan komme, in dem ich eine wichtige Rolle innehabe. Jedem wäre klar gewesen, dass ich ein strenger Muslim bin, weil ich ein Turabi bin. Ich war stolz auf meine Familie, meine Religion und mein Mann-Sein – das waren für mich die wesentlichen Merkmale, die meine Identität damals ausmachten. Ich wuchs mit Geschlechtertrennung statt Gleichberechtigung auf und sah Frauen nicht als gleichwertig, sondern als minderwertig an.

Zudem war ich es gewohnt, Fremde und Andersgläubige abzuwerten, statt ihnen respektvoll und tolerant zu begegnen, Meinungsvielfalt kannte ich nicht. Das patriarchalische System, in dem ich aufwuchs, prägte mich: Entscheidungen über meine Zukunft traf ich nie selbst, sondern es war klar: Das war Aufgabe meines Vaters und Großvaters. Fragen wie: „Was willst du später werden?" oder „Was meinst du dazu?" waren mir völlig fremd.

Besonders in letzter Zeit, in der viele Muslime zu uns kommen, male ich mir aus, wie es mir wohl ergangen wäre, wenn ich mit meinem damaligen Verständnis eines funktionierenden Gesellschaftssystems nach Deutschland gekommen wäre. Ich hätte mich wohl sehr schwer getan, die liberale westliche Gesellschaft zu akzeptieren, geschweige denn mich zu integrieren.

KAPITEL 3

Darfur – Wo Muslime Muslime bekämpften

In den 1980er-Jahren war mein Vater zuständig für das Militär in Darfur, bevor er einige Zeit später sogar Gouverneur der sudanesischen Provinz wurde. Seine Aufgabe war es, dieses riesige Gebiet, das etwa so groß war wie Frankreich, für die Khartumer Regierung zu verwalten. So zog er mit meiner Mutter, meinen Schwestern und mir für drei Jahre in den Westsudan.

„Dar fur" heißt „Heimat der Fur". Die Fur sind das dort ansässige Volk, das aus vielen schwarzafrikanischen Stämmen besteht, und hauptsächlich von der Landwirtschaft lebt. Schon damals, als wir in Darfur, in der Nähe von El Geneina, wohnten, zeichnete sich der Konflikt ab, der nach Angaben der Vereinten Nationen seit Beginn der Auseinandersetzungen im Jahr 2003 mindestens 300000 Menschen das Leben kostete und über 2,6 Millionen Menschen vertrieb.

Bereits damals ging es in den Auseinandersetzungen hauptsächlich um die Verteilung von Wasser und Land. Zu dieser Zeit begannen arabische Nomaden durch Darfur zu ziehen. Sie ließen ihre Tiere auf den Feldern weiden, nahmen die Wasserquellen der sesshaften Menschen in Beschlag, töteten wahllos und steckten Dörfer in Brand. Als Reaktion bildeten auch die Einheimischen kriegerische Gruppen und übten in ähnlicher Weise Rache.[15]

Wir wohnten noch nicht lange dort, als wir eines Nachts gegen drei Uhr aus dem Schlaf gerissen wurden. Ich erinnere mich, dass der Wächter, der das Militärgelände bewachte, meinen Vater weckte: Einer der Furs, der aus einem Dorf in der Umgebung kam, stand mit seinem Pferd vor unserem Haus. „Die Nomaden waren da, sie haben unser Dorf verwüstet und viele Menschen umgebracht. Bitte helft uns!", flehte er meinen Vater an. Der Mann, an dessen Kleidung Blut klebte, stand sichtlich unter Schock. Ich habe ihn in seiner Hilflosigkeit noch genau vor Augen. Doch mein Vater ignorierte den Mann, der vor unserer Tür sitzen blieb und immer verzweifelter wurde, weil sich niemand auf den Weg zu seinem Dorf machte. Mein Vater wartete bewusst noch bis zehn Uhr morgens, bevor er mit Soldaten zu dem Dorf fuhr.

Was ich dort als Junge sehen musste, war entsetzlich: Hütten brannten, Kinder schrien und umklammerten die Leichen ihrer Eltern, einer der Toten war mit einer Machete zerstückelt worden. Viele der Menschen in diesem Dorf hätten dringend medizinische Hilfe gebraucht, doch das Militär überließ sie ihrem Schicksal. Mein Vater befahl den Soldaten, den Vorsteher des Dorfes zu holen. Mit ihm fuhren wir zurück in die Stadt, wo ein Schlichtungsgespräch zwischen dem Dorfvorsteher und zwei Vertretern der Nomaden stattfand. Man verhandelte eine knappe halbe Stunde, bevor mein Vater in seiner Funktion als Schlichter entschied, dass die Nomaden für die getöteten Menschen ein Blutgeld zahlen und eine kleine Entschädigung für das geraubte Eigentum leisten mussten. Damit war die Angelegenheit für ihn erledigt.

Solche Schlichtungsgespräche führte mein Vater oft, doch zu einem fairen Gerichtsverfahren kam es nie. Die Mörder wurden nie zur Verantwortung gezogen. Der Grund dafür war simpel: Mein Vater und die gesamte sudanesische Regierung standen nicht auf der Seite der Darfuris, sondern auf der Seite der Nomaden, die wie sie arabischstämmig sind und aus dem Nordsudan kamen. Diese Stämme fühlten sich überlegen, weil sie die Regierung stellten. Afrikanischstämmige Menschen galten in ihren Augen als zweitklassige Sudanesen, was zur Folge hatte, dass die Regierung die

Darfur-Gegend bewusst unterentwickelt ließ; es gab dort nur wenige Schulen und Krankenhäuser, was sich leider bis heute nicht geändert hat.

Und das, obwohl die Fur seit vielen Jahrhunderten Muslime sind. Unter Sultan Ali Dinar (1856–1916) fertigten sie sogar über 20 Jahre hinweg die *kiswa*, das Gewand für die Kaaba in Mekka an, bevor diese Aufgabe die Ägypter und später die Saudis übernahmen. Dennoch waren sie für die Nordsudanesen keine guten Gläubigen, da sie oft Amulette trugen und Traditionen aus dem Animismus in den Volksislam[16] integrierten.

Unser Haus lag in der Nähe eines der rar gesäten und dringend benötigten Krankenhäuser. Immer wieder bekam ich mit, wie Menschen eingeliefert wurden, die von Nomaden bei einem Angriff auf ihr Dorf verwundet worden waren. Die Ärzte und Krankenschwestern hatten sich vermutlich an den Anblick dieser schlimm zugerichteten Menschen gewöhnt. Viele von ihnen sahen die Furs als minderwertige Menschen an. Entweder weil sie selbst islamistische Fur waren und sich für religiöser als ihre eigenen Landsleute hielten, oder weil sie aus dem Nordsudan, beziehungsweise aus einem anderen Stamm kamen, der mit den Fur im Konflikt stand. Auf jeden Fall waren die meisten von ihnen der Meinung, dass die Fur die Übergriffe verdient hätten. „Sie sind selbst schuld. Warum haben sie auch die Wasserquellen für die Nomaden gesperrt?", sagten sie zueinander. Dass die Nomaden zuvor ihre Tiere auf den Feldern der Furs hatten grasen lassen und damit deren Ernte zerstört hatten, war ihnen egal. Andere sahen die Übergriffe als Strafe Gottes dafür an, dass die Fur eben nicht so rechtgläubig waren wie sie.

In der Koranschule und zu Hause wurde mir das Idealbild der islamischen *umma* vermittelt, die sich loyal unterstützt und ihr Leben für den anderen lässt. Hier in Darfur, wo Muslime andere Muslime bekämpften, bekam dieses Bild für mich erste Risse.

Gemeinsam mit der Khartumer Regierung stärkte mein Vater als Gouverneur schon damals den Einfluss der Nomadenstämme und ließ es zu, dass sie die Darfuris vertrieben und töteten. Und dies bereits viele Jahre, bevor der Darfur-Konflikt im Jahr 2003 offiziell ausbrach.

Der Premierminister Sadiq al-Mahdi entschied bereits in seiner Regierungszeit (1986–1989), die Nomaden mit Waffen auszurüsten, wodurch der Konflikt noch deutlich blutiger wurde. Dies geschah allerdings weniger aus ideologischen als vielmehr aus wahltaktischen Gründen: Schließlich waren die arabischen Nomaden Teil seiner Anhängerschaft.

Unter Präsident Umar al-Baschir, der 1989 durch einen Putsch an die Macht kam, eskalierte der Konflikt schließlich, als dieser, von der islamistischen Ideologie getrieben, auf eine systematische Vernichtung der Darfuris hinarbeitete. Die Nomaden erhielten freie Hand, die Darfuris zu massakrieren und zu vergewaltigen. Weil sie immer, wenn sie ein Dorf überfielen, eine Spur der Verwüstung hinterließen, wurden sie auch *Dschandschawid* genannt – „böse Geister auf Pferden".

Wie so häufig, nahm mein Vater mich mit, um mich auf meine späteren Aufgaben vorzubereiten. Aus meiner heutigen Sicht war das völlig unverantwortlich von ihm. Diese Bilder der Gewalt, die ich dort als Junge sah, brannten sich tief in mein Gedächtnis ein. In Darfur erlebte ich hautnah, dass meine Familie und die arabische, islamische Gesellschaft nicht nur Juden und Christen, sondern sogar eigene Glaubensbrüder abwertete. Ich lernte, dass das Leben eines Menschen sehr wenig wert sein konnte, wenn dieser als minderwertig und nicht rechtgläubig galt. Im Rückblick erkenne ich, welchen Sprengstoff eine derartige Erziehung in sich birgt. Wem beigebracht wird, das Leben des anderen geringer zu schätzen, wenn der Glaube zu verteidigen ist, der kommt auf eine Spur, die oftmals direkt in die Gewalt führt.

KAPITEL 4

Der Tod des liberalen Islams

Der Vater hat seine Tochter nicht im Griff, war das Erste, was ich dachte, als ich Asma Mahmud Muhammad Taha zum ersten Mal traf. Schon, dass ich ihr überhaupt begegnete und sie sich nicht zurückzog, wenn ihr Vater Männerbesuch bekam, war für mich befremdlich. Doch nicht genug damit: Die junge Frau saß wie selbstverständlich neben ihrem Vater und diskutierte mit ihm und den anderen Männern über religiöse Fragen. Ja, sie wagte es sogar, ihrem Vater zu widersprechen, was dieser lächelnd akzeptierte.

Im Hause von Mahmud Muhammad Taha (1909 bzw. 1911–1985) war vieles anders, als ich es gewohnt war. Auffallend war der asketische Lebensstil der Familie, die in einem kleinen, bescheidenen Lehmhaus in Omdurman wohnte. Die Stadt gehörte zum Bundesstaat Khartum und war für ihre islamischen Mystiker bekannt. Taha war einer von ihnen. Das Haus hatte nur drei Zimmer und einfache Betten aus Kamelleder, wie ich sie auch aus meiner Zeit in der Koranschule kannte. Statt eines großen Empfangszimmers spielte sich das ganze Leben im Hinterhof ab. Hier saßen Frauen und Männer zusammen auf Strohmatten oder auf einfachen Stühlen, die aus verrosteten Stahlrohren mit einer Sitzfläche aus Plastikgeflecht bestanden. Alle seine Anhänger waren gekommen, um *Ustadh Mahmoud* – „Lehrer Mahmoud" – zu hören, wie sie ihn nannten.

Im Hof Tahas hörte ich zum ersten Mal in meinem Leben, dass Frauen Suren aus dem Koran rezitierten. Sie trugen weiße Kopftücher und weiße Gewänder und galten als ebenbürtige Glaubensgeschwister. Taha lebte das, was er lehrte: Frauen und Männer sind gleichwertig und haben dieselben Rechte. Er ermutigte Frauen, an der Universität zu studieren und sprach sich dafür aus, dass sie sich nach islamischem Recht ebenso leicht von ihren Männern scheiden lassen konnten, wie andersherum.

Dies war in unserer Gesellschaft eine kulturelle Revolution. „Wie kann es sein, dass man eines Tages plötzlich aufwacht und die Frau genauso viel wert ist wie der Mann?", fragten sich die Männer aus meiner Familie kopfschüttelnd. Und: „Wohin sollte das führen, wenn Frauen so selbstständig werden würden?"

Der studierte Wasserbauingenieur Taha war ein guter Bekannter meines Großvaters. Als er ihn zum ersten Mal zu Hause besuchte, war ich noch ein kleiner Junge. Sein breites Lächeln, das bis über beide Ohren reichte, ist mir noch in lebhafter Erinnerung. Taha, auch „Ghandi des Sudans" genannt, war ein sehr freundlicher, ruhiger und bescheidener Mann. Er sah immer so aus, als wäre er gerade von einer Pilgerfahrt nach Mekka zurückgekehrt. Das weiße Baumwollgewand der Pilger, das er immer trug, war sein Erkennungsmerkmal. Sein weißer Turban war charakteristisch für ihn, ebenso wie die langen Narben auf den Wangen, die er als kleiner Junge zugefügt bekommen hatte, als Merkmal dafür, dass er in den arabisch geprägten Stamm *ar-Rikkabia* hineingeboren worden war. Diese Narben haben viele Sudanesen, damit man auf den ersten Blick erkennt, zu welchem Stamm sie gehören.

Bei unseren Besuchen in der „Stadt der Revolution", einem Bezirk von Omdurman Anfang der 1980er-Jahre, zeigte Taha oft sein ansteckendes Lächeln. Er war in seinem Stadtviertel sehr beliebt und gewann immer mehr Anhänger, die sich „Republikanische Brüder" oder kurz „Republikaner" nannten. Vor allem in der intellektuellen Oberschicht fanden seine reformatorischen Gedanken über den Islam und die Gesellschaft Gehör. Diesmal verbrachten wir einen ganzen Nachmittag im Hof von Tahas Zuhause. Als es langsam dämmerte und der Muezzin zum Abendgebet rief, standen mein Vater und mein Großvater auf und schauten sich fragend um. Wie hielten es Taha und seine Schüler mit dem Gebet? Wollte man zusammen im Hof beten oder doch lieber in die nahegelegene Moschee gehen? Doch niemand rührte sich. Alle Schülerinnen und Schüler Tahas blieben sitzen und unterhielten sich weiter. Wir dagegen gingen in eine Ecke des Hofes und beteten. Anschließend stellte mein Großvater Taha zur Rede: „Warum betet ihr nicht? Du weißt doch, dass ein authentischer *hadith*[17] besagt: ‚Wer das Gebet vernachlässigt, ist ungläubig'.[18] Der Sufi-Theologe entgegnete: „Ich muss zu keiner bestimmten Zeit, auf keine bestimmte Art und in keine bestimmte Richtung beten, ich muss mich auch nicht vor dem Gebet waschen. Mein ganzes Leben kann ein Gebet sein, denn ‚Allah ist uns näher als unsere Halsschlagader'.[19]" Mein Großvater schwieg und forderte uns auf, zu gehen. Ich weiß nicht, ob er nach Hause wollte, weil es spät geworden war, oder weil ihn Tahas Ansichten entsetzt hatten. Wahrscheinlich beides. Auf jeden Fall war das unser letzter Besuch bei dem islamischen Reformer. Seitdem galt er in unserer Familie als hoffnungsloser Fall, ja sogar als vom Islam abgefallen.

Die Universität Mekka hatte Taha schon 1968 in einem Rechtsgutachten als Reaktion auf sein Buch *Die Zweite Botschaft* zum Ungläubigen erklärt, die al-Azhar-Universität folgte diesem Urteil 1972, die Islamische Weltliga 1975, nach[20]. In diesem Buch schrieb Taha, dass nur der in Mekka geoffenbarte Koran (610–622 n.Chr.) zeitlos gültig sei. Aus seiner Sicht war Muhammad in der Anfangszeit des Islam als Prophet tätig und verkündete in dieser Rolle ethische Prinzipien, die überall und immer verbindlich seien. Dagegen habe Muhammad in seiner späteren Zeit in Medina (622–632 n.Chr.) nicht nur als Prophet, sondern auch als Staatsmann gehandelt. Alle Verse, die in dieser Zeit geoffenbart wurden und zum Beispiel zu Gewalt aufrufen oder Andersgläubige abwerten, müssten in ihrem historischen Kontext verstanden werden und seien heute nicht mehr gültig. Damit widersprach er der traditionellen Lehrmeinung, dass die prophetische

Offenbarung, also Koran und Sunna, als Ganzes ewig gelten und jede Form der Kritik verwehrt ist.[21]

Saudi-Arabien forderte schon damals die Hinrichtung Tahas, doch der sudanesische Präsident Ja'far Muhammad an Numairi, der 1969 durch einen Putsch an die Macht gekommen war, war anfangs säkular und sozialistisch eingestellt und schützte Taha. Im Gegenzug arrangierte sich der islamische Reformer mehr als ein Jahrzehnt mit dem Regime des Präsidenten trotz Einschränkungen und einigen Gefängnisaufenthalten.

Der Anfang vom Ende

Zu Beginn der 1980er-Jahre änderte Numairi seinen Regierungsstil jedoch und verfolgte einen strengen Islamisierungskurs. Hasan at-Turabi, ein Mitglied unseres Clans und seit 1979 Generalstaatsanwalt, wurde sein persönlicher Berater, der ihm empfahl, die Scharia[22] einzuführen. „Allah wird dich dafür segnen", versprach er dem Präsidenten. Numairi ernannte sich zum Imam des Sudan und unterzeichnete im September 1983 ein Gesetz, das eine besonders rigide Form der Scharia für das ganze Land festlegte – auch für Christen und andere Nichtmuslime.

Mein Großvater war zwar nicht begeistert, dass die Scharia durch einen Präsidenten eingeführt wurde, der weder den Koran auswendig kannte noch eine geistliche Autorität darstellte. Oblag die Einführung der Scharia seiner Meinung nach doch nur einem Khalifen. Trotzdem freuten wir uns darüber, dass das göttliche Recht nun die Gesetze der britischen Kolonialisten ersetzte. Nicht nur wir, auch viele andere Muslime hatten sich die Scharia lange in der Hoffnung herbeigewünscht, dass sich alle politischen und gesellschaftlichen Probleme lösen würden, sobald der Sudan nach dem vermeintlichen Willen Gottes regiert werden würde.

Vor Einführung der Schariagesetze war das Alkoholtrinken bereits verpönt, danach strikt verboten. Wenige Tage nach der neuen Gesetzgebung schloss die Polizei die kleinen einheimischen Bierbrauereien, die Südsudanesen betrieben, und konfiszierte alle importierten Bierflaschen, die es in Hotels und Restaurants gab. Auf Geheiß des Präsidenten wurden sie an die Uferpromenade des Nils gebracht und dort Bauch an Bauch säuberlich nebeneinander aufgereiht. Die Flaschen bedeckten mehrere Kilometer der Promenade. Vor laufenden Kameras fuhr der Präsident höchstpersönlich mit einer Planierraupe über die Flaschen und machte sie dem Erdboden gleich.

Ähnlich medienwirksam wurde der Gerichtsprozess gegen Mahmud Muhammad Taha in Szene gesetzt, der dem Regime wegen seiner liberalen Ansichten nun spätestens seit Einführung der Scharia ein Dorn im Auge war. Am 7. Januar 1985 begann der Prozess gegen den ehemaligen Bekannten unserer Familie. Es war ein persönlicher Triumph für Hasan at-Turabi, die Person aus dem Weg zu räumen, die der Einführung der Scharia am heftigsten widersprochen hatte. „Tahas reformorientierte Bewegung war die größte theologische Herausforderung für Turabis strengen Islamismus", schrieb das amerikanische Magazin *The New Yorker* dazu.[23] Tahas Islambild forderte nicht nur at-Turabi, sondern alle strenggläubigen Muslime heraus. Das Gerichtsverfahren bot der Regierung also die Möglichkeit, Strenge und Härte gegenüber Reformtheologen und ihrer Anhängerschaft zu zeigen.

Eigentlich war das Fernsehschauen bei uns abgesehen von der Übertragung von islamischen Predigten zu Hause verboten, aber für den Prozess gegen Taha machte mein Vater eine Ausnahme. Gespannt verfolgten wir im Haus meines Onkels, wie sich der sympathische Mann mit dem ansteckenden Lächeln vor Gericht verantworten musste. Der leitende Richter hieß Mukashfi Taha al-Kubashi, ein sehr junger Mann, der sein Studium gerade erst abgeschlossen hatte. Dass dieser unerfahrene Mann dieses wichtige Gerichtsverfahren gegen den 76-jährigen *Ustadh Taha* führen sollte, hielten sowohl Gegner als auch Befürworter Tahas für unangemessen.

Der Richter begann den Prozess mit der Frage nach seinem Namen. „*Ma isma -l-karim?*" – „Wie lautet der edle Name?" Taha antwortete „Allah". Einer der 99 Namen Allahs ist „al-Karim" – „der Edle". Mit seiner Antwort wollte er zeigen, dass es für ihn nur einen gibt, den man „den Edlen" nennen darf. Mich beeindruckte diese Antwort, obwohl ich mir sicher war, dass Taha kein Muslim mehr sein konnte, nach allem, was er gesagt und geschrieben hatte. Die Antwort verärgerte den Richter. Da Taha das Gerichtsverfahren boykottierte, dauerte die Verhandlung lediglich zwei Stunden. Der Angeklagte weigerte sich, mit einem Gericht zusammenzuarbeiten, das die Unabhängigkeit der Justiz verraten habe und nur dazu diene, Menschen zu demütigen, die Meinungsfreiheit einzuschränken und politische Gegner zu verfolgen.[24]

Bereits am nächsten Tag verkündete der Richter das Urteil: Wegen staatlichen Aufruhrs wurde der Angeklagte zur Hinrichtung durch den Strang verurteilt. Erst im Berufungsverfahren einige Tage später wurde Taha zum Apostaten erklärt, wobei sich der Richter in seiner Begründung auf die oben genannten Rechtsgutachten aus Kairo und Mekka bezog. Dass ein 76-jähriger Mann laut sudanesischer Strafprozessordnung eigentlich nicht mehr zum Tode verurteilt werden durfte und dass ein säkulares Gericht ohnehin nicht für Fragen der Scharia wie Apostasie zuständig war, interessierte den Richter nicht.[25] Taha hatte drei Tage Zeit, seine Lehre zu widerrufen. Islamische Gelehrte besuchten ihn und versuchten ihn zu überreden, zum „wahren Islam" zurückzukehren. Als ihre Bemühungen nicht fruchteten, setzte der Präsident den Vollzug der Todesstrafe für Freitag, den 18. Januar 1985 fest.

Ein seltsamer Tag der Freude

An jenem Freitag verließen mein Vater und ich schon bald nach dem Morgengebet das Haus. Auf keinen Fall wollten wir die Hinrichtung Tahas verpassen, die für zehn Uhr morgens angesetzt war. Wir fuhren in das größte Gefängnis des Landes, das Kober-Gefängnis in Khartum-Nord. Nach einer ausgiebigen Sicherheitskontrolle wurden wir in den Hof des Gefängnisses durchgelassen. Dort blickte ich in ein Meer von Männern. Wie viele hundert Menschen gekommen waren, kann ich heute nicht mehr sagen. Damals hatte ich den Eindruck, der ganze Sudan hätte sich auf den Weg gemacht, um bei diesem Ereignis dabei zu sein.

Normalerweise fanden Exekutionen in einem kleinen Raum im Gefängnis statt. Nachdem die Todesstrafe vollzogen war, erhielten die Angehörigen die Leiche, um sie zu beerdigen. In Tahas Fall sollte es anders sein: Die Exekution fand auf dem riesigen Gefängnishof statt, der „Hof der Gerechtigkeit" genannt wurde. Extra für die Hinrichtung war eine Holzbühne gebaut worden, auf der ein Galgen aus rotem Stahl aufgestellt war, der an einen Baukran erinnerte. Direkt unter ihm befand sich eine Falltür.

Die meisten der wartenden Männer trugen weiße *jallabijas,* weshalb es den Anschein hatte, als sei der ganze Platz in weiße Farbe getaucht. Die Stimmung war ausgelassen, fast wie auf einem Jahrmarkt. Plötzlich ging ein Raunen durch die Menge. Alle verstummten und schauten auf die Tür, die ins Gefängnis führte, und die sich nun langsam öffnete. Man konnte die Spannung der Menge förmlich spüren. Zwei uniformierte Justizbeamte kamen heraus. Sie hatten einen Mann zwischen sich, dessen Kopf von einem schwarzen Sack bedeckt war. Seine Arme waren hinter dem Rücken gefesselt, seine Füße steckten in Ketten, weshalb der Gefangene mehr taumelte als ging. Die Beamten zerrten ihn die Treppenstufen zum Galgen hinauf. Als er direkt auf der Falltür stand, wurde ihm für wenige Minuten der Sack vom Kopf gerissen.

Es war Mahmud Muhammad Taha – der ohne seinen typischen weißen Turban viel älter aussah als ich ihn in Erinnerung hatte. Mit seinem charakteristischen breiten Lächeln schaute er über die Menge hinweg, so fröhlich, als wäre heute seine Hochzeit und nicht seine Hinrichtung. Den Richter, der ihn zum Tode verurteilt hatte und der direkt vor der Bühne stand, schien er gar nicht zu bemerken. Die Beamten nahmen einen Strick, legten ihn um seinen Hals und befestigten ihn danach an dem Galgen. Einer der Wärter fragte Taha noch, was seine letzten Worte seien, doch diese gingen im Lärm der Menge unter. Anschließend zogen sie ihm wieder die Kapuze über den Kopf und stellten sich rechts und links neben den Galgen.

Die Zuschauer riefen „*Allahu akbar*" und „*kafir*" (Ungläubiger) oder pfiffen und johlten – so laut, dass sie sogar das Krachen der sich öffnenden Falltür übertönten. Taha fiel nach unten und sein Genick brach. Die Beamten traten zur Seite, ein Arzt kam, untersuchte den Mann, der am Strick baumelte und nickte dann bestätigend ins Publikum. Mahmud Muhammad Tahas Tod war ärztlich attestiert. Daraufhin jubelte die Menge noch lauter. Wie ich später erfuhr, hatten manche der Zuschauer befürchtet, dass Allah vielleicht doch auf der Seite Tahas stand und noch in letzter Minute persönlich einschreiten würde, um seinen Anhänger zu retten. Tahas Tod deuteten sie als Gottesurteil: Nun war für sie eindeutig bewiesen, dass Taha ein Häretiker war.

Mein Vater kam mit seinem Gesicht nahe an mein Ohr, damit ich ihn im Lärm der Menge verstehen konnte. „Das passiert mit jedem, der den Koran oder das Leben Muhammads infrage stellt", sagte er und zeigte auf den Galgen. Ein Moment, der mir für immer im Gedächtnis bleiben sollte.

Die Beamten öffneten die Schlinge am Hals des Toten, legten ihn auf eine Bahre und bedeckten ihn mit einer alten Decke. Dann trugen sie die Bahre aus dem Hof hinaus zu einem Helikopter der Armee, der in einem kleineren Nebenhof wartete. Die Fallschirmjäger waren schon am Abend zuvor auf dem Hof gelandet und hatten den

Auftrag, die Leiche sofort nach der Erhängung mitzunehmen und irgendwo in der Wüste zu begraben[26]. Keiner sollte wissen, wo Tahas leibliche Überreste waren, weil man vermeiden wollte, dass sein Grab zum Pilgerort für seine Anhänger wurde.

Wir schauten dem Hubschrauber zu, wie er immer höher in den Himmel stieg. Als er nicht mehr zu sehen war, machten wir uns gemeinsam mit Hunderten von Männern auf den Weg zur Moschee, die wenige Meter vom Gefängnis entfernt war, um am Freitagsgebet teilzunehmen. Viele von uns beteten außerhalb des Gotteshauses, da wir gar nicht alle hineinpassten. Das Gebet an diesem Freitag war für uns mehr als ein Ritual, es war eine Demonstration unseres Glaubens. Taha hatte das fünfmalige Pflichtgebet infrage gestellt, wir zelebrierten es.

Mein Vater und ich gingen mit dem Gefühl nach Hause, Allahs Willen erfüllt zu haben, weil wir unser Land vor den Irrlehren eines Häretikers bewahrt hatten. Ich begegnete niemandem, der es ungerecht fand, dass Taha sterben musste. Die Einzige, die um ihn trauerte, war meine Mutter. Sie hatte Tränen in den Augen, als wir am Tag der Hinrichtung gemeinsam zu Abend aßen. Damals verstand ich das nicht. Heute weiß ich, dass Taha in ihren Augen ein Mann Gottes war und es sie zutiefst bestürzte, dass es den Islamisten gelungen war, ihn zu töten. Sie sehnte sich nach einem Islam, der die Emanzipation der Frau und die Nähe zu Gott propagierte. Doch mit Taha war auch ihre Hoffnung auf eine andere, freiere Form des Islam gestorben.

Damals bejubelte ich die Hinrichtung Tahas, heute betrauere ich sie zutiefst. Ich bin der Ansicht, dass der Sudan sich mit dem Tod dieses brillanten Denkers und Visionärs selbst sehr geschadet hat. Taha war von der Gleichberechtigung von Mann und Frau überzeugt und lebte diese konsequent. Weil er Juden nicht hasste, sprach er sich für das Existenzrecht

Israels aus. Als Pazifist forderte er eine friedliche politische Lösung mit dem Südsudan, sprach den Stellen im Koran, die seiner Maxime von Gewaltfreiheit und Toleranz widersprechen, ihre Gültigkeit ab.

Erst Jahre später merkte ich, dass Tahas Ansichten nicht skandalös waren, sondern vollkommen richtig und wichtig. Bei mir sollte es noch einige Jahre dauern, bis ich mich so veränderte, dass auch ich alle seine Ansichten vollkommen unterstützen konnte. Heute ist Mahmud Muhammad Taha für mich der Jan Hus der islamischen Welt.

Ich wünsche mir einen aufgeklärten „Taha-Islam“, der es wagt, menschenverachtende Tendenzen in der eigenen Religion zu hinterfragen und der Alternativen zu den traditionellen Auslegungsmethoden bietet, die mit den Menschenrechten vereinbar sind. Und zwar mit den Menschenrechten der allgemeinen Erklärung der Menschenrechte von 1948 und nicht der „Kairoer Erklärung der Menschenrechte“, die nur jene Menschenrechte anerkennt, die im Einklang mit der Scharia stehen.

In der westlichen Welt sehe ich die Chance für die Entfaltung eines aufgeklärten Islams. Kluge Köpfe wie beispielsweise Mouhanad Khorchide müssen hier keine Angst haben, von der Regierung verfolgt zu werden – in vielen Staaten im Nahen Osten ist das anders. In Deutschland werden die liberalen Muslime von der Polizei geschützt, damit sie die Freiheit haben, ihre Meinung zu sagen. Der Leiter des Zentrums für Islamische Theologie in Münster propagiert zum Beispiel einen „Islam der Barmherzigkeit“ und setzt sich dafür ein, die Vorstellung des allbarmherzigen Gottes ins Zentrum des Glaubens zu stellen und die Aussagen des Korans an den Prinzipien der Liebe und Barmherzigkeit zu messen. Bei Koranversen, die zu Körperstrafen oder militärischer Gewalt aufrufen, sei der historische Kontext zu berücksichtigen. Sie widersprächen einem Islam der Barmherzigkeit und seien deshalb heute nicht mehr gültig.

Seine Ansichten sorgen, wenig überraschend, für scharfe Kritik von den konservativen islamischen Verbänden in Deutschland, die in einem Gutachten Ende 2013 seine Absetzung als Leiter des Islamischen Zentrums forderten. Khorchide erhält jedoch auch Unterstützung aus der islamischen Welt, so zum Beispiel vom Mufti von Jordanien.[27]

Auch der akademische Mitarbeiter für Islamische Theologie und Religionspädagogik an der Pädagogischen Hochschule Freiburg, Abdel-Hakim Ourghi, beruft sich auf Mahmud Muhammad Taha und fordert eine Revolution des Islams.[28] Und auch andere Wissenschaftler, die an den Zentren für Islamische Theologie in Deutschland lehren, versuchen theologisch ausgewogene Antworten aus islamischer Perspektive auf die Fragen der Gegenwart zu finden und lehren einen Islam, der nicht im Widerspruch zu den Menschenrechten steht, sondern diese sogar theologisch begründet.

Diese Entwicklungen machen mir Hoffnung. Deutschland ist das Land der Reformation. Vielleicht wird es auch das Land, in dem islamische Reformer an Einfluss und Deutungshoheit gewinnen.

KAPITEL 5

Mein persönlicher Dschihad

An meinem ersten Schultag an der Highschool begegnete ich ihm zum ersten Mal. Es war Hass auf den ersten Blick. Ich war damals 16 Jahre alt und kam zu spät zum Unterricht. Alle anderen Schüler hatten sich schon auf die Zweiertische im Klassenzimmer verteilt. Obwohl meine vier Freunde versprochen hatten, einen Platz für mich frei zu halten, saßen sie schon jeweils zu zweit an einem Tisch. Der Grund war offensichtlich: Keiner wollte einen Tisch mit dem schlaksigen, großen Jungen teilen, der in der hintersten Reihe Platz nehmen musste. Er fiel auf, weil seine Haut noch dunkler war als unsere. Und weil auf seiner Stirn fächerförmige Narben prangten, ein Merkmal der Dinka, einem christlichen Stamm aus dem Südsudan. Der Lehrer betrat den Raum. Also setzte ich mich widerwillig auf den letzten freien Platz neben diesen Jungen und ignorierte das freundliche Lächeln, mit dem er mich begrüßte.

Zu Beginn der Stunde notierte der Lehrer unsere Namen. Als Letztes rief er den Jungen neben mir auf. „Wie heißt du?" „Zakaria Butrus", antwortete er. Jeden von uns hatte der Lehrer willkommen geheißen. Zakaria nicht. Ihn bedachte er nur mit einem abschätzigen Blick. Zakaria ist die arabische Form von Zacharias, dem Namen des Vaters von Johannes dem Täufer. Spätestens jetzt, nachdem wir seinen biblischen Namen gehört hatten, war für alle im Raum klar, dass wir einen Christen in der Klasse hatten und keinen Dinka, der zum Islam konvertiert war. Ein Konvertit hätte einen muslimischen

Namen angenommen. Auf dem Markt oder bei Behörden hatte ich immer wieder Christen aus dem Südsudan gesehen, oder ägyptische Kopten, die als Arbeitsmigranten zu uns kamen. Aber so direkt wie jetzt war ich noch nie einem begegnet.

Ich bemerkte, wie meine Freunde zu mir herüberschauten. Uns alle beschäftigte die gleiche Frage: Wie kann es sein, dass ein Südsudanese Zutritt zu dieser Eliteschule bekommen hatte? Die Wadi-Syedna-Highschool, die von den Briten gegründet worden war, galt als Kaderschmiede für zukünftige Politiker. Die Schulgebühren waren sehr hoch und ein persönliches Empfehlungsschreiben von einer hochrangigen Person der Regierung war erforderlich, um hier aufgenommen zu werden. Später erfuhren wir, dass Zakarias Vater einen verantwortungsvollen Posten im Finanzministerium innehatte. Das war nicht untypisch. Dort, wo es um Geld ging, stellte man auch im Nordsudan gerne Christen an. Man hasste sie, wusste aber gleichzeitig, dass man ihnen in finanziellen Angelegenheiten vertrauen konnte.

Südsudanesen wurden im Nordsudan geduldet, galten aber – auch wenn sie wie Zakaria im Nordsudan geboren waren – als Bürger zweiter Klasse. Die meisten der Südsudanesen, die in Khartum lebten, kamen aus dem Bürgerkrieg und hatten dort – wenn überhaupt – nur wenige Jahre lang die Schule besucht. In der Hauptstadt gingen sie in ihre eigenen, christlichen Missionarsschulen, die aber keinerlei staatliche Unterstützung erhielten, wodurch sie ein wesentlich schlechteres Bildungsniveau hatten als die öffentlichen Schulen des Nordens.

Obwohl ich noch kein Wort mit Zakaria gesprochen hatte, stand meine Meinung über ihn längst fest: Er war ein Ungläubiger. Oft sprachen Menschen wie mein Vater, der Scheich in der Koranschule oder andere Imame bei ihrer Predigt von den *kuffar*, „den Ungläubigen", wenn sie die Südsudanesen meinten. Schon früh hatte mein Vater mir beigebracht, Ungläubige nicht zu grüßen, geschweige denn mit ihnen gemeinsam zu essen. Denn wenn man mit jemandem

Tischgemeinschaft hat, schließt man mit dieser Person einen Bund, der mit Salz und Brot besiegelt ist. Diesen Menschen darf man niemals angreifen.

Grundlage für dieses Verhalten ist das Prinzip der „Loyalität und Lossagung" (*al-wala' wa-l-bara'*), das vor allem von den Salafisten propagiert wird. Es stützt sich auf Koranverse wie: „Allah liebt die Ungläubigen nicht"[29] oder *hadithe* wie: „Ibn Abbas sagte, dass Muhammad sagte: Unterstütze die Sache Allahs, lass die Feinde Allahs auch deine Feinde sein, liebe Allah und verabscheue die, die Allah verabscheut."[30] Also gab es für mich keine religiöse Grundlage, Zakaria freundlich zu begegnen. Für mich war klar: Wenn ich etwas Gutes für Allah tun und ihm gefallen will, dann muss ich diesen ungläubigen Mitschüler hassen, selbst wenn er der sympathischste Mensch auf der Welt wäre.

In den nun folgenden Tagen und Wochen redete ich kein Wort mit Zakaria, beobachtete ihn aber ganz genau. Das Bild, das ich von Christen hatte, passte nicht zu ihm. Bei einem Essen in der Klasse bekam ich am Rande mit, wie er einem Mitschüler erklärte, dass er kein Schweinefleisch esse und sich an die islamischen Speiseregeln halte. Außerdem war er nett zu allen. Er war nicht ungebildet, sondern im Gegenteil in allen Fächern der Klassenbeste. Deswegen hasste ich ihn noch mehr. Ich konnte nicht verkraften, dass ein Ungläubiger, der – wie ich glaubte – nach dem Tod in die Hölle kam, besser in der Schule war als wir rechtgläubigen Muslime. Ich wartete darauf, dass Allah ihn bestrafte. Aber nichts geschah.

Wir ließen unser Barthaar wachsen und trugen eine *jallabiya* sowie eine islamische Gebetsmütze – um auch mit unserer äußeren Erscheinung dem Vorbild des islamischen Propheten Muhammad nachzueifern. Weil wir keines der fünf täglichen Ritualgebete ausließen, hatten wir vom mehrmaligen Niederwerfen und Berühren des Bodens einen runden Fleck aus Hornhaut auf der Stirn, den Gebetsfleck, den wir voller Stolz trugen. Dieser war in unseren dunkelhäutigen Gesichtern zwar nicht sehr sichtbar, aber ich spürte ihn deutlich, wenn ich über die raue Stelle an der Stirn strich. Wir zelebrierten unseren strengen Glauben.

Manche Muslime verletzen sich fast, um einen solchen Fleck zu bekommen, der als Zeichen besonderer Frömmigkeit gilt. Doch mein Gebetsfleck, der hart wie Stein war, entstand tatsächlich durch das viele Gebet. Seit meiner Zeit in der Koranschule ließ ich keines der fünf Pflichtgebete aus. So war ich über Jahre hinweg programmiert. Das Gebet gilt als eine gute Tat und ich wollte möglichst viele gute Taten sammeln. Denn diese werden nach islamischer Lehre nach dem Tod auf einer Waage mit den schlechten Taten aufgewogen und entscheiden darüber – vorausgesetzt, Allah will es nicht anders –, ob man ins Paradies oder in die Hölle kommt. Weil ich Angst vor der Hölle hatte, vermied ich es tunlichst, ein Gebet zu unterlassen, ja, verrichtete immer wieder in den Nachtstunden sogar freiwillige Zusatzgebete.

Wir fünf Freunde lebten alle in unserem Viertel. Drei von ihnen waren auch meine Cousins. Der Anführer unserer Clique war mein Cousin Mustafa, ein stämmiger Typ, der in unserer Klasse meinte, den religiösen Sittenwächter spielen zu müssen. Wenn er sah, dass ein Mitschüler rauchte, packte er ihn und drückte ihn gegen eine Wand. „Merke dir, Rauchen ist *haram* (Im Islam verboten)“, flüsterte er drohend, bevor er ihn losließ. Fehlte jemand aus unserer Klasse beim Mittagsgebet, schlug er ihn so lange zusammen, bis er versprach, nie wieder ein Gebet auszulassen. Tarek war der Spaßvogel unter uns. Einmal erzählte er, dass er Alkohol getrunken hätte. Wir machten große Augen, weil wir alle noch nie in unserem Leben auch nur eine Bierflasche gesehen hatten. Er erzählte das bloß, um Mustafa zu ärgern – was ihm auch gelang. „Ich flehe Allah um Vergebung an, was ich da gehört habe“, rief Mustafa entsetzt und schwor, nie wieder ein Wort mit Tarek zu reden. Bis er herausfand, dass dieser nur Spaß gemacht hatte.

Mein Cousin Abdulkarim war klein und hager und hatte Glasknochen, weshalb seine Füße und Hände häufig gebrochen waren.

Wahrscheinlich bemühte er sich deshalb immer, besonders stark zu sein und mit uns mitzuhalten. Wegen seiner Behinderung hatte er ein Herz für andere, die Hilfe brauchten.

Der „Fremde" in unserer Gruppe war Hussein. Sein Vater war kein praktizierender Muslim. Er betete nicht und hielt den Fastenmonat Ramadan nicht ein. Obwohl Hussein nicht mit uns verwandt war, akzeptierten wir ihn in unserer Gruppe, denn wir merkten, dass er Anschluss suchte und gerne ebenso religiös sein wollte wie wir. Auch mein Vater erlaubte mir den Umgang mit Hussein, obwohl der nicht aus einer religiösen Familie stammte. Das grenzte an ein Wunder, denn jeden meiner Bekannten prüfte er genau und wenn er aus einer Familie kam, die ihm nicht gefiel, musste ich den Kontakt zu der Person abbrechen. Doch Hussein schien meinem Vater zu gefallen. Als er bei uns zu Hause war, verhielt er sich sehr höflich und benutzte keine Schimpfwörter. Mein Vater achtete sehr darauf, dass niemand in seinem Haus fluchte. Diesen respektvollen Umgangston halten wir auch in meiner Familie aufrecht.

Offensichtlich hatte mein Vater vergessen, dass es Hussein war, der mir, als ich etwa elf Jahre alt war, von seinem ersten Kinobesuch erzählt hatte. In Khartum hatte ein Kino aufgemacht, das Hollywoodfilme zeigte. „Stell dir vor, dort gibt es eine große Leinwand und plötzlich sind Menschen zu sehen, die fliegen, und Autos, die sich überschlagen und sich wilde Verfolgungsrennen liefern", schwärmte er und schwor bei Allah, dass er die Wahrheit sagte. Zu Hause erzählte ich meinem Vater davon und fragte ihn, ob wir dorthin gehen könnten. Er stimmte zu. Ich war begeistert. Allen in der Schule erzählte ich stolz, dass mein Vater und ich ins Kino gehen würden. „Wirklich?", fragten meine Freunde mit neidischem Blick. „Das glauben wir nicht." Sie sollten recht behalten. Nachdem mein Vater mich donnerstags nach der Schule mit seinem Auto abgeholt hatte, fuhren wir nicht ins Kino, sondern zu einer militärischen Einrichtung. Dort übergab er mich Soldaten, die in einem Raum saßen und sagte: „Warte hier, ich komme später wieder." Es war Donnerstagnachmittag.

Ich wartete mehrere Stunden, es wurde Abend, aber mein Vater kam nicht. Panik stieg in mir auf. Würde ich wieder, wie in der Koranschule, Jahre warten müssen, bis er mich abholte? Die Soldaten gaben mir zu essen, waren von meinem Vater aber angewiesen worden, nicht mit mir zu reden. Ich übernachtete dort drei Nächte. Am Sonntagmorgen kam mein Vater endlich wieder und sagte nur einen Satz zu mir: „Richtige Männer gehen nicht ins Kino."

Später erfuhr ich, dass ich mein Wochenende in einem Militärgefängnis verbracht hatte, in dem normalerweise Soldaten bestraft wurden. Im Nachhinein denke ich, er hätte mir seine Meinung zum Thema Kino einfach auch mitteilen und mir den Aufenthalt hinter Gittern ersparen können. Noch besser wäre es gewesen, wenn er mir erklärt hätte, warum „echte Männer" nicht ins Kino gingen. Auch wenn die Filme im Sudan nur in zensierter Version ohne Kuss- und Bettszenen gezeigt wurden, waren in ihnen beispielsweise unverhüllte Frauen zu sehen, die mit Männern, die nicht zu ihrer Familie gehörten, in einem Raum oder sogar in einem Auto saßen – Dinge, die mein Vater moralisch verwerflich fand.

Ebenso wie in der Koranschule gab es auch in seiner Erziehung nur richtig und falsch, erlaubt und verboten, Ehre und Schande. Aber erklärt wurde nichts und jegliches Hinterfragen war verboten.

Husseins Vater hatte auch einen Schallplattenspieler. Heimlich hörten wir Freunde dort die Schallplatte der berühmten arabischen Sängerin Umm Kulthum (1904–1975). Zwar gefiel mir die Musik sehr gut, aber ich hatte gleichzeitig ein schlechtes Gewissen: Ich hatte die

Stimme einer Frau angehört, die auch noch von Musikinstrumenten begleitet wurde. Beides war verboten.

Da Musik meine Freunde und mich trotzdem begeisterte, freuten wir uns sehr, als in der Moschee in unserem Viertel, in der mein Onkel Imam war, ein Singkreis für Männer gegründet wurde. Dort konnten wir gottwohlgefällig musizieren. Wir sangen A-capella-Hymnen mit religiösen Texten, sogenannte *anasheed*. In unserer Moschee gab es viele solche Aktivitäten für Jugendliche, die alle das Ziel hatten, junge Menschen für die Muslimbruderschaft zu rekrutieren. Auch deutsche Salafisten und Dschihadisten nutzen Nasheed-Musikvideos zu Propagandazwecken.

In fast allen Predigten, die ich in der Moschee hörte, ging es um das Leben nach dem Tod. Die *hadithe* und die Tradition lehren, dass sofort nach der Beerdigung zwei Engel ins Grab kommen und den Verstorbenen verhören. Sie fragen: „Wer ist dein Gott, wer ist dein Buch, wer ist dein Prophet?", und wer das nicht richtig beantwortet, wird mit einem eisernen Hammer auf den Kopf geschlagen und landet direkt in der Hölle. Ich hatte Angst vor diesem sogenannten „Verhör im Grab" und dem Höllenfeuer, in dem man einem weiteren *hadith* zufolge 1000 Jahre lang unter grausamen Schmerzen brennt. Um dieser Hölle zu entgehen, wäre ich auch in den Dschihad gezogen. Dann hätte ich mir sicher sein können, ins Paradies zu kommen.

Nicht alle in der Schule waren so religiös wie wir. Aber ich merkte, dass viele unseren Eifer bewunderten und unserem Beispiel folgten. Wir waren eine Minderheit, die die Mehrheit beeinflusste. Zu unserer Schule gehörte eine Moschee, in der wir mittags beteten. Wenn der Imam nicht da war, leitete ich oder einer meiner Freunde in der Mittagspause das Gebet für unsere Mitschüler an. Am Ende des rituellen Gebetes ist es üblich, eine *du'a*, ein gemeinschaftliches Bittgebet, zu sprechen. In meinem Hass auf Zakaria führte ich ein, dass wir nach jedem Mittagsgebet dafür beteten, dass Allah Zakaria für seinen Unglauben bestrafen und vernichten möge. Obwohl es auch viele schöne und gute Bittgebete gibt, die man nach dem Pflichtgebet sprechen kann, hatten viele der Bittgebete, die ich als Kind gelernt hatte, einen gewaltverherrlichenden Inhalt. „Allah möge uns den Sieg über die Ungläubigen geben, im Südsudan und Palästina“, war ein Gebet, das wir oft beteten. Deshalb war es für mich klar, dass ich Allah auch um die Vernichtung Zakarias bitten durfte.

Auch nach zwei Jahren auf der Highschool, ging es Zakaria trotz unserer Bitten um seine Vernichtung sehr gut. Wir waren mittlerweile 18-jährige Erwachsene und er war weiterhin Klassenbester, was ich noch immer nur schwer ertrug. Ständig suchte ich nach einem Anlass, ihn zu provozieren, damit er endlich etwas tat, das wir verurteilen konnten oder das den Rektor dazu veranlassen konnte, ihn der Schule zu verweisen. Doch Zakaria reagierte nicht auf meine Sticheleien und das Mobbing. Selbst als ich seine Schultasche versteckte und er sie nicht mehr wiederfand, hatte er seine Gefühle unter Kontrolle und verhielt sich vorbildlich. Also betete ich noch intensiver für seine Vernichtung. Doch Allah schien meine Bittgebete nicht zu erhören. Oder wollte er vielleicht von mir, dass ich nicht nur betete, sondern auch handelte? Sollte ich vielleicht nicht nur um das Ableben Zakarias bitten, sondern auch selbst dafür sorgen? Diese Gedanken machten sich nach und nach in meinem Kopf breit. Aus den ersten, zögerlichen Gedanken wuchs schnell die unerschütterliche Überzeugung: Es war meine Aufgabe, Zakaria zu töten. Und schon bald sollte sich eine Gelegenheit für mein Vorhaben ergeben.

Die Regierung im Nordsudan hatte großes Interesse daran, junge Männer möglichst früh militärisch auszubilden, um sie in den Krieg gegen den Südsudan schicken zu können. So wurde die Schule ab unserem 16. Lebensjahr immer wieder für ein bis zwei Wochen zwecks militärischer Weiterbildung unterbrochen.

Die Südsudanesen waren unsere Feinde. Weil sie Christen waren, galten sie als unmoralisch und Verbündete des Westens. „Wenn man sie nicht vernichtet, kommen durch sie die westlichen Kolonialmächte in unser Land und zerstören es“, erklärte mir mein Vater. Seit 1983, also seit sechs Jahren befanden wir uns erneut im Bürgerkrieg mit dem Süden. Der Krieg sollte einer der längsten Bürgerkriege Afrikas werden, 21 Jahre dauern, und circa zwei Millionen Menschen das Leben kosten.[31] Ständig hörte ich Kriegsberichte im Radio. Auch viele meiner Onkel und Verwandten zogen als Soldaten in den Süden und starben dort als „Märtyrer". Für mich war klar: Er, Zakaria, war dafür verantwortlich, dass ein Teil meiner Familie nicht mehr lebte.

An den militärischen Trainingseinheiten nahmen etwa 300 Schüler aus Khartum und Umgebung teil. Auch unsere Klasse ging mit dem Kadett-Ausbilder unserer Schule zu den Camps in das Wadi Syedna[32] außerhalb der Stadt. Dort verbrachte unsere Klasse einige Tage und wurde im Nahkampf und an den Maschinengewehren ausgebildet. Wir lernten Hindernisse zu überspringen oder unter Stacheldrahtzäunen auf dem Boden hindurchzurobben.

Bei den Übungen mit den Maschinengewehren starben oder verletzten sich immer wieder Schüler. Ideale Rahmenbedingungen also für mein Vorhaben. Hier konnte ich einen Mord viel einfacher vertuschen als in der Schule. Warum sollte nicht bei einer dieser Übungen auch Zakaria zu Tode kommen? In mir reifte ein Plan, den ich meinen Freunden mitteilte. Sie waren sofort bereit, mich und mein Vorhaben zu unterstützen und so begannen wir mit der Planung. Wie konnte es gelingen, Zakaria umzubringen? Langsam reifte der Plan bis ins Detail.

Wie immer, wenn wir in diesem Wadi übernachteten, wurden wir abwechselnd zur Nachtwache eingeteilt. Dies sollte uns auf den Ernstfall vorbereiten, da auch nachts jederzeit ein Angriff drohen konnte. Die Waffen, die wir bei uns trugen, waren kostbar und der Offizier wollte, dass sie rund um die Uhr bewacht wurden. Also sollte unsere Klasse sich auch in dieser Nacht in Fünfer-Gruppen aufteilen und sich alle zwei Stunden bei der Nachtwache ablösen. Wieder einmal blieb Zakaria übrig. Enttäuschung und Angst standen ihm ins Gesicht geschrieben, doch er versuchte, sie zu überspielen. Mit fester Stimme schlug er vor, die letzte Schicht vor Sonnenaufgang alleine zu übernehmen. Natürlich hatte niemand etwas dagegen einzuwenden.

Und schon bot sich damit die ideale Gelegenheit, unser Vorhaben in die Tat umzusetzen. Meine Freunde und ich schliefen nicht, sondern schlichen uns nach Einbruch der Dunkelheit aus unserem Lager zu einem Affenbrotbaum, der einige hundert Meter von unserem Übernachtungsplatz entfernt stand. Dieser riesige Baum hatte einen sehr dicken, hohlen Stamm mit mehreren Metern Durchmesser. Der höhlenartige Baumstamm wurde in der Regenzeit oft als Zisterne genutzt oder diente in den trockenen Monaten als schattiges Plätzchen für ein kleines Nickerchen in der Glut der Mittagssonne. Wir kannten den Weg, den die Nachtwache gehen musste, und wussten, dass Zakaria bei seiner Runde auch an diesem Baum vorbeikommen würde. Um uns zu verstecken, kletterten wir auf die untersten Äste. Dort verbachten wir die Nacht, unterhielten uns nur flüsternd und warteten auf Zakaria.

Zwei Jahre lang hatten wir täglich für seine Vernichtung gebetet. In dieser Nacht machten wir uns selbst zu Allahs Werkzeugen. Wir hatten alles bis ins Detail geplant. Da der Baum nahe am Lager stand, wären Schüsse zu laut gewesen. Unsere Klassenkameraden hätten aufwachen können. Deshalb hatten wir an unseren Gewehren Bajonette angebracht, die wir beim Training für den Nahkampf verwendeten. Viele Stunden harrten wir auf den immer unbequemer werdenden Ästen aus. Endlich sahen wir das Flackern einer Taschenlampe näher kommen. Zakaria war ein leichtes Opfer. Er kam gar nicht dazu, sich zu wehren. Nach unserem Angriff ließen wir ihn leblos auf dem Waldboden liegen. Wir schafften es gerade noch, rechtzeitig vor Sonnenaufgang wieder im Lager zu sein. Niemand hatte gemerkt, dass wir uns davongeschlichen hatten.

Das Morgengebet betete ich noch konzentrierter als sonst. Gerade hatte ich einen Sieg für Allah errungen und fühlte mich ihm besonders nahe. Niemandem fiel beim anschließenden Training auf, dass Zakaria fehlte. Bei den militärischen Übungen kam es immer wieder vor, dass jemand nachts Panik bekam und nach Hause zu seinen Eltern ging. Wahrscheinlich vermuteten die meisten, dass Zakaria die

Angst gepackt hatte, als er für mehrere Stunden alleine als Nachtwächter im Wald seine Runde drehen musste.

Nach dieser Nacht erschien Zakaria nie wieder in der Schule. Keiner fragte nach ihm. Zwar ahnten manche wohl, dass unsere Clique für sein plötzliches Verschwinden verantwortlich sein könnte. Doch jeder schien es mit einem gleichgültigen Achselzucken hinzunehmen, dass der Ungläubige nun nicht mehr da war. Für unser Verbrechen hatten wir keine Konsequenzen zu befürchten.

Wie ich dazu kam, meinen Mitschüler töten zu wollen? Eine berechtigte Frage, die auch ich mir im Nachhinein immer wieder gestellt habe. Und ohne meine Verantwortung an dieser scheußlichen Tat kleinreden zu wollen, bin ich zu folgender Antwort gekommen: Ich wurde dazu erzogen, Ungläubige zu hassen und im Namen Allahs zu bekämpfen. Der Mordanschlag war für mich eine logische Schlussfolgerung aus meinem Glauben. Mir wurde eingeimpft, jene zu lieben, die Allah liebt und jene zu hassen, die Allah hasst. Da waren der Scheich in der Koranschule und der Imam in der Moschee, die Christen oder Südsudanesen als Ungläubige bezeichneten. Da waren meine Familie und mein Freundeskreis, die gegen die Ungläubigen im Südsudan kämpften. Gewalt war ein legitimes Mittel, das gegen Christen und sogar gegen angeblich nicht rechtgläubige Muslime eingesetzt werden durfte und belohnt wurde.

Zudem beging ich zu der Zeit den großen Fehler, mich nicht auf Zakaria einzulassen. Ich machte mir nicht die Mühe, ihn oder andere Christen kennenzulernen. Mein Bild von diesen Menschen hatte nur wenig mit der Realität zu tun und doch war ich mir so sicher, dass es wahr sein musste.

Heute ist mir klar, dass nicht jedes muslimische Kind so konservativ sozialisiert wird, wie ich es wurde. Viele Muslime erziehen ihre Kinder bewusst anders. Es braucht Begegnung, um Vorurteile abzubauen. Das sage ich auch Menschen hierzulande, die eine vorgefertigte, negative Meinung über Muslime haben. Wenn ich nachfrage, kommt meistens heraus, dass sie noch nie länger mit einem Muslim geredet haben, geschweige denn mit einem befreundet sind. Deshalb mein Appell: Ladet Muslime ein, sprecht mit ihnen! Ihr werdet von der Herzlichkeit und Gastfreundschaft dieser Menschen beeindruckt sein und merken, dass die meisten Vorurteile und Ängste unbegründet sind. In dieser Atmosphäre der Wertschätzung und des Respekts ist es auch möglich, über die eigenen Ansichten und Überzeugungen ins Gespräch zu kommen und wo es nötig wird, auch die Überzeugungen des Gegenübers zu hinterfragen.

So Gott will

Nachdem ich 1989 mein Abitur an der Highschool gemacht hatte, teilte mein Großvater mir mit, dass er meine Cousins und mich an der Universität eingeschrieben hatte. Ich sollte Islamisches Recht *(fiqh)* und Politikwissenschaften studieren. Da ich es gewohnt war, keine eigenen Entscheidungen zu treffen, gehorchte ich ihm gerne und begann mein Studium an der Universität von Khartum. Parallel dazu wurde ich in der Studentenunion aktiv. Eine Stärke der Muslimbruderschaft ist ihre gute Organisation. Bereits in der Highschool wurde ich von Mitgliedern der Studentenunion angeworben. Die Studentenunion galt als Kaderschmiede der Muslimbruderschaft. Wer den „wahren Islam" leben wollte, war dort willkommen. Es war nicht verwunderlich, dass sie gerade mich ansprachen: Ich war eifrig im Glauben und warb voller Überzeugung für meine Ansichten. Außerdem war es für mich selbstverständlich, in die Fußstapfen meiner Familienangehörigen zu treten, die bereits Mitglied der Muslimbruderschaft waren.

Die Mitglieder trafen sich täglich um zehn Uhr morgens während der Frühstückspause zu Vorträgen. Eine Stunde lang hörten wir dann eine Ansprache zu einem bestimmten Thema. Die Vorträge dienten der Selbstvergewisserung und gingen auf die aktuelle politische Lage im Land ein. Auch ich hielt ab und zu eine Rede, in der ich über die Liberalen, die Mystiker und die Kommunisten herzog. Hätte mich jemand gefragt, „Was glauben denn die Mystiker genau?" oder „Wer war Marx und was wollte er?", hätte ich keine Antwort gehabt. Aber alle in der Studentenunion waren schnell dabei, diese Menschen zu Ungläubigen zu erklären. Jeder, der nicht in die Moschee ging, war gottlos. Sogar in der Universität sortierten wir die Studenten in zwei Gruppen: Es gab die Ungläubigen, die den Glauben nicht ernst nahmen und uns, die Gläubigen. Wir nutzten die Vorträge auch dafür, Muslime zum rechten Glauben zu bringen und am Ende jedes Vortrages beteten wir gemeinsam ein Bittgebet, das von dem islamischen Propheten überliefert und in Kreisen der Muslimbruderschaft sehr geläufig ist. In dem Gebet heißt es unter anderem: „Gott, vernichte die Christen und Juden, damit ihre Frauen Witwen werden und die Kinder Waisen …"

Wenn ich morgens zur Uni ging, führte der Weg mich immer zur „Straße der Märtyrer". Dort hingen an Plakatwänden Bilder von jungen Menschen, die im Dschihad gegen die Feinde im Südsudan gestorben waren und nun als Märtyrer gefeiert wurden. Fast täglich kamen neue Bilder hinzu. Auf den Bildern der Getöteten erkannte ich oft die Gesichter von Studenten, die ich aus der Union kannte. Manche hatten jahrelang Medizin studiert und starben in den ersten Tagen als Gotteskämpfer im Südsudan. Doch wir trauerten nicht, sondern jubelten. Schließlich waren diese Freunde nun im Paradies.

So wie man in Deutschland nach dem Abitur einen Freiwilligendienst macht, gehörte es in unseren Kreisen dazu, nach dem Studium in den Südsudan zu gehen, um dort zu kämpfen. Bevor man in den Krieg zog, schrieb man ein Testament und ging zum Fotografen, um ein Bild machen zu lassen, das die Familie dann als Märtyrerbild verwenden konnte, falls man nicht mehr lebend zurückkam. Man wollte seinen Teil dazu beitragen, die islamische Gemeinschaft zu verteidigen. Wir Gotteskrieger (*mujahidin)* kämpften neben den Berufssoldaten, waren aber längst nicht so gut trainiert wie sie und deshalb Kanonenfutter. Hinzu kam, dass sie eine völlig andere Motivation hatten: Die Soldaten kämpften, um zu leben und ihre Familie ernähren zu können. Die *mujahidin* dagegen waren Dschihadisten, für die es eine Ehre war, für Allah zu sterben. Auch ich war bereit, nach dem Studium in den Südsudan zu gehen und zu kämpfen. Wenn mich jemand fragte, ob ich Märtyrer werden und für Allah sterben wollte, antwortete ich: „Ja, *in sha'a llah.*" – „Ja, so Gott will." Ein Märtyrer zu werden sei ein Privileg, das man sich nicht verdienen könne, glaubte ich. Denn nur Allah entscheidet, ob jemandem diese Ehre und Gnade zuteilwird oder man unversehrt zurückkehrt.

Dieses Mittel des *takfir*, also alle nicht Rechtgläubigen zu Ungläubigen zu erklären, ist sehr gefährlich. Der Weg vom Hassen zum Töten kann manchmal sehr kurz sein, wie ich selbst erlebt habe. Wenn ich jemanden als minderwertig ansehe, ist der Schritt, diese Person auch töten zu wollen, nicht mehr sehr groß. Der Hass auf die Ungläubigen kommt nicht aus dem Nichts, sondern wird anerzogen.

Deshalb gilt: Wer den islamistischen Terrorismus bekämpfen will, muss herausfinden, wer oder was die Terroristen prägt. Es greift zu kurz, nur Gefährder und Terroristen im Blick zu haben. Das ist so, als ob man nur auf den Schatten eines Elefanten schießt und sich dann wundert, wenn der Elefant noch immer lebt. Kein Attentäter wacht eines Tages auf und sagt: „Heute verübe ich einen Anschlag." Stattdessen sollten wir sensibel werden für radikale Texte, Hassprediger, Hetzer, Menschen und Institutionen, die Andersdenkende und Andersgläubige verachten oder ihnen sogar das Lebensrecht absprechen, denn sie bilden die Legitimation für Hass, Gewalt und Terror.

Als junger Mann war ich selbst bereit, in den Dschihad gegen die Südsudanesen zu ziehen und dort auch als Märtyrer zu sterben. Ich war nicht lebensmüde, im Gegenteil! Ich genoss das Leben, war aber der Ansicht, dass Allah den Dschihad von mir verlangte. Ich wollte ihm gefallen und hatte Angst davor, später in die Hölle zu kommen. Nur wenn ich als Märtyrer starb, war ich mir sicher, nach meinem Tod bei Allah zu sein. Diese Angst und der Wunsch, Allah zu gefallen, setzte unsere Regierung in Khartum bewusst ein, um Kämpfer zu rekrutieren. Sie begründete die Vernichtung der Südsudanesen religiös, doch eigentlich standen hinter dem Krieg ganz profane wirtschaftliche Interessen: Die dortigen Bodenschätze, das Öl und das Gold sollten in die Hände der Zentralregierung gelangen. Dass dafür Menschen ermordet und ausgebeutet wurden, war ihr egal.

KAPITEL 6

Der Feind im eigenen Haus

Auf der Straße war das Hupen eines Autos zu hören. Das musste der Chauffeur sein, der meinen Onkel vom Flughafen abgeholt hatte. Rasch ging ich zur Haustür und da stand er mit seinem Koffer in der Hand. „Papa, wie schön dich zu sehen. Wie war es in Europa?", rief ich und umarmte ihn herzlich und küsste ihn auf seine Wangen. „Habibi – Liebling, *ma sha' allah* bist du groß geworden", sagte er und strich mir übers Haar, so als wäre ich noch immer ein kleiner Junge und nicht schon ein junger Erwachsener. Aber ich ließ es lächelnd über mich ergehen. Onkel Khaled war die wichtigste Person in meinem Leben. Deshalb nannte ich ihn auch Papa. Meinen leiblichen Vater sprach ich mit dem förmlicheren *walid,* Vater, an.

Wie ich später erfuhr, war mein Onkel einer der führenden Köpfe des Geheimdienstes im Nordsudan, der regelmäßig zu Dienstreisen in die ehemalige DDR aufbrach. Die Regierungen in Ostberlin und Khartum waren eng verbunden – auch in ihrer geheimdienstlichen Arbeit. Deshalb verbrachte mein Onkel in der DDR regelmäßig mehrere Tage im Ministerium für Staatssicherheit, um von den Stasi-Mitarbeitern in Sachen Bespitzelung und Verhörmethoden geschult zu werden.

Beide, mein Vater und mein Onkel, waren Söhne der gleichen Mutter. Mein Großvater hatte sechs Frauen, die ihm insgesamt 31 Kinder geschenkt hatten, dazu viele Nebenfrauen, deren Kinder ich nicht kannte, und die auch nicht offiziell zu unserem Clan gehörten.

Von meinen 18 Onkeln väterlicherseits hatten nur mein Onkel Khaled und ein anderer Onkel auch dieselbe Mutter. Ebenso wie mein Vater zählte er zu den Lieblingssöhnen meines Großvaters und hatte deshalb auch in unserem Clan eine hohe Position. Er gehörte mit zum engsten Kreis um meinen Großvater und traf sich regelmäßig mit ihm.

Als ich noch ein Kind und mein „Papa" noch nicht verheiratet war, verbrachten wir viel Zeit miteinander. Doch auch später, als er selbst dreifacher Vater war, behandelte er mich weiterhin wie seinen ältesten Sohn und teilte seine Erfahrung und sein Wissen mit mir. Als ich ungefähr zehn Jahre alt war, fing er an, mit mir Englisch zu sprechen. Er sprach fließendes, fast akzentfreies Oxford-Englisch. Das hatte er in der Königlichen Militärakademie im südenglischen Sandhurst gelernt, in der er fünf Jahre verbracht hatte. Dort bildet das britische Heer seine Offiziere aus. Die Akademie, zu deren Absolventen Winston Churchill und die britischen Prinzen Prince William und Harry zählen, ist auch für Ausländer zugänglich. Deshalb studierten auch Männer wie der jordanische König Abdullah II. dort – und eben auch mein Onkel.[33]

Dank Onkel Khaled konnte ich mich bald problemlos auf Englisch verständigen und war das einzige Kind weit und breit, das schon im Grundschulalter fließend Englisch sprach. Später gab er mir Nachhilfe in Mathe und Physik und schenkte mir immer wieder Bücher, über die wir intellektuelle Gespräche führten. Von ihm bekam ich auch „Mein Kampf" auf Arabisch geschenkt. Ich las Adolf Hitlers Buch mit Begeisterung. Die Deutschen waren schlau, dachte ich damals, sie hatten verstanden, dass die Juden böse Menschen waren und vernichtet werden mussten. Nur leider war es den Nazis während des Holocausts nicht gelungen, alle Juden umzubringen. Das bedauerte ich.

Ebenso wie mein Vater war auch mein Onkel tiefgläubiger Muslim und hatte wie er an der renommierten Al-Azhar Universität in Kairo Islamische Theologie studiert. Man könnte meinen, mein Onkel wäre durch die vielen Reisen ins Ausland und seine Zeit in England liberal geworden, vielleicht sogar aufgeschlossen gegenüber anderen Kulturen und Religionen. Doch das Gegenteil war der Fall.

Jedes Mal, wenn er aus Europa zurückkam, war seine Abneigung gegenüber „dem Westen" noch gewachsen. Er erzählte uns Geschichten über die moralische Verderbtheit dort, davon, dass Frauen und Männer Hand in Hand durch die Straßen schlenderten und Paare sich in Straßenbahnen küssten. „Ich habe gehört, dass es in den Schwimmbädern Zimmer geben soll, in denen es so heiß ist wie bei uns in der Wüste, wo Männer und Frauen nackt zusammensitzen und schwitzen. Das soll gut für die Gesundheit sein", berichtete er im Flüsterton. „Aber ich habe das nur gehört und war natürlich nicht selbst dort", beeilte er sich zu betonen. Ich hörte mit offenem Mund und aufgerissenen Augen zu. Als Kind war es für mich unvorstellbar, was mein Onkel uns erzählte. „Wenn du die Engländer so hasst, warum hast du dann ihre Sprache gelernt und sogar fünf Jahre bei ihnen verbracht?", fragte ich ihn einmal neugierig. „Um den Feind zu verstehen", antwortete er knapp.

Wie immer, wenn er aus dem Ausland kam, hatte er mir auch diesmal von seinem Besuch in Berlin etwas mitgebracht. „Zeig mir doch mal dein Zimmer", sagte er und zwinkerte mir zu, nachdem wir mit meinem Vater im Wohnzimmer Tee getrunken hatten. Wie aufregend! Was war das für ein Geschenk, das er mir nicht in Gegenwart meines Vaters überreichen wollte? Ein Magazin mit knapp bekleideten Frauen etwa? Wir schlossen meine Zimmertür und setzten uns auf mein Bett. Bevor er seine Tasche öffnete und das Geschenk herausholte, sprach er ein Bittgebet: „*A'udhu billahi min ash-Shaitan-ir-rajim.*" – „Ich suche Zuflucht bei Allah vor dem verfluchten Teufel." Ich hatte also recht, er wollte mir etwas zeigen, das nicht gottwohlgefällig war, und deshalb bat er Allah vorab um Vergebung. Mein Onkel drückte mir eine Postkarte in die Hand: „Die habe ich in einer Berliner Buchhandlung gekauft." Es war eine Weihnachtskarte, ein Foto eines Ölgemäldes. Auf diesem Kunstwerk waren Josef und Maria zu sehen, die andächtig das Christuskind in der Krippe anschauten. Jesus trug einen Heiligenschein und erhellte das sonst in düsteren Farben gehaltene Bild. „Schau dir mal diesen kleinen Windelpupser an! Stell dir vor, die Christen sagen, dieses Baby ist ihr Gott!" Ich lachte laut auf. Was für ein abwegiger Gedanke!

Ich bekam Mitleid mit den Christen. Für diesen Irrglauben würden sie in die Hölle kommen! Ein Koranvers, den ich im Kopf hatte, lautet: „Hütet euch vor dem Höllenfeuer, dessen Brennstoff Menschen und Steine sind, es ist für die Ungläubigen bereitet."[34] Nun war ich noch mehr davon überzeugt, dass die Missionarsarbeit, wie wir sie auch mit der Studentenunion betrieben, wichtig war, um den Menschen die Wahrheit näherzubringen.

Ein anderes Mal brachte mir Onkel Khaled Video-Kassetten von Ahmed Deedad (1918–2005) mit, die wir mit Begeisterung ansahen. Der gebürtige Inder, der in Südafrika lebte, war in der islamischen Welt sehr berühmt, weil er in vielen Büchern und Vorträgen gegen das Christentum polemisierte. Auf den Videokassetten sahen wir, wie Deedad mit Christen diskutierte. Er war sehr bewandert in der Bibel und zitierte viele auswendig gelernte Bibelverse, die beweisen sollten, dass die Heilige Schrift voller Widersprüche steckte.[35] Bei diesem verbalen Schlagabtausch unterlagen die Christen immer und wussten am Ende dem rhetorisch begabten Deedad nichts mehr entgegenzusetzen. Wir feierten ihn wie einen Boxer, der gerade seinen Gegner k. o. geschlagen hatte.

Ich erinnere mich noch, wie er einen Bibelvers aus dem Matthäusevangelium zitierte[36], in dem Jesus ankündigte, dass er drei Tage und drei Nächte im Grab liegen wird. Wenn Jesus aber am Freitag starb und am Sonntag wieder auferstand, wie es an anderen Stellen heißt, waren dies keine drei Nächte, so Deedad. Wenn die Bibel ein göttliches Buch wäre, hätte sie diesen Fehler nicht. Diese Widersprüche waren für uns weitere Beweise dafür, dass die Bibel verfälscht sein musste. Denn der Koran stellt an mehreren Stellen fest, dass die Thora, das Evangelium und der Koran Offenbarungen desselben Gottes sind. Und weil Gott sein Wort dem Koran zufolge nicht ändert[37], müssen Menschen die Offenbarungstexte, die dem Koran widersprechen, verändert haben. Wir fühlten uns in unseren Vorurteilen gegenüber Christen bestätigt. Dieses Video zeigte uns ein weiteres Mal, dass der Islam dem Christentum moralisch überlegen war.

Neben Deedad beeinflusste mich ein Prediger fast noch mehr: der ägyptische Fernsehprediger Muhammed Metwalli al-Sha'rawi (1911–1998), über den ich meine Doktorarbeit geschrieben habe und der eine ganze Generation von Menschen nicht nur in Ägypten, sondern auch in anderen arabischen Ländern durch seine Predigten geprägt hat. Auch unsere Familie schaute ihn regelmäßig im Fernsehen an. Immer wieder, zum Teil sehr unterschwellig und subtil, waren seine Äußerungen radikal und fundamental menschenverachtend. Dies reichte von der Behandlung der Frauen bis hin zu seiner Einstellung gegenüber Andersgläubigen und der westlichen Moderne. Alle noch so radikalen Interpretationen, wie der Aufruf, Frauen zu schlagen, ihre Genitalien zu verstümmeln oder Andersgläubige zu vernichten, wurden von seinem Publikum unwidersprochen hingenommen – auch wohl deshalb, weil er in eine Familie geboren worden war, die direkt vom islamischen Propheten abstammt und der deshalb widerspruchslos gefolgt wurde. Aus diesem Grund konnte al-Sha'rawi in den 1970er- und 1980er-Jahren zu einer der Schlüsselpersonen bei der Umformung einer zunächst freiheitlichen, säkularisierten und pluralistischen ägyptischen Gesellschaft hin zu einem konservativen, fremden- und frauenfeindlichen islamischen Staat unter der Regie der Scharia werden. Jüdische und koptische Mitbürger wurden zu ägyptischen Bürgern zweiter Klasse, denen fortan mit Ablehnung und Hass begegnet wurde. Durch die andauernde Wiederholung seiner Thesen in den Predigten verinnerlichte sein Publikum seine Standpunkte und vertrat sie schließlich selbst.

Heute sind es kaum mehr Prediger im Fernsehen wie Deedad und al-Sha'rawi, die Jugendliche prägen und radikalisieren, sondern die Prediger und ihre Botschaften im Internet. Sie sind dort weltweit und rund um die Uhr auf Videoplattformen und in sozialen Netzwerken abrufbar.

Alle Informationen, die wir über das Christentum hatten, stammten entweder aus dem Koran oder von islamischen Theologen. Keiner von uns hatte jemals selbst eine Bibel in der Hand gehabt, und trotzdem waren wir alle überzeugt davon, dass sie verfälscht war. Wir hatten noch nie mit Christen über ihren Glauben gesprochen, waren uns aber dennoch sicher, dass sie ungläubig waren.

Ich bewunderte meinen Onkel, der südsudanesische Christen, die in Khartum wohnten, zum Islam bekehrt hatte. Andere Christen, die nicht zum Islam konvertieren wollten, verfolgte er und brachte sie ins Gefängnis. Dies tat er nicht nur aus politischen, sondern auch aus persönlichen Gründen: Die meisten Christen, die bei uns wohnten, waren Südsudanesen, die wegen des lang anhaltenden Bürgerkrieges in den Norden gezogen waren. Die Infrastruktur im Nordsudan war besser, hier gab es Krankenhäuser und UNO-Organisationen, die ihnen helfen konnten. Für sie war es sicherer, bei ihren Feinden im Norden als Menschen zweiter Klasse zu leben als im Süden zu sterben. Onkel Khaled hingegen hatte als Soldat im Südsudan gekämpft und musste zusehen, wie viele seiner Freunde dort von südsudanesischen Rebellen getötet wurden. Diese toten Freunde mussten gerächt werden. Als er nach einigen Jahren aus dem Krieg zurückkehrte und einen Posten beim Geheimdienst annahm, setzte er seinen Rachefeldzug dort fort.

In den Kirchen, die es im Nordsudan gab, sah er Festungen südsudanesischer Rebellen, die nun auch den Nordsudan mit ihren christlichen und kolonialistischen Werten zersetzen wollten. Deshalb fing er an, die Kirchen in Khartum zu bekämpfen. Wenn ein Pastor im Nordsudan beispielsweise einen Bruder hatte, der aufseiten der Rebellen im Südsudan kämpfte oder gekämpft hatte, ließ er den Pastor eliminieren.

Mein „Papa" war in meinen Augen sehr mutig. Er schien vor nichts und niemandem Angst zu haben. Ich bewunderte seine Bildung, Weltgewandtheit und seinen starken islamischen Glauben. Er war für mich eine Vaterfigur und ein guter Freund zugleich. Mit ihm besprach ich Dinge, die ich mich nie getraut hätte mit meinem Vater zu bereden. So wie er wollte ich auch werden – bis etwas Schlimmes geschah, das meine hohe Meinung von ihm von einer Minute auf die andere zerstörte.

Das Undenkbare passiert

Es war an einem ganz gewöhnlichen Tag bei einem ganz gewöhnlichen Männertreffen. Wir saßen im *diwan* unseres Hauses, weil mein Großvater gekommen war und uns sehen wollte. Auch mein Onkel, der Imam, war gekommen. Wir tranken Tee, knabberten Sonnenblumenkerne und unterhielten uns. Diese Unterhaltungen unterlagen immer den gleichen strengen Regeln. Mein Großvater hatte das alleinige Rederecht. Wir schwiegen und antworteten nur, wenn er uns eine Frage stellte. Hatten wir etwas auf dem Herzen, formulierten wir das sehr vorsichtig. „Jemand im Raum möchte etwas sagen", sagten wir beispielsweise. Ließ er uns gewähren, sprachen wir weiter. Ignorierte er uns, schwiegen wir. Wenn er aufstand, wussten wir, dass das Treffen beendet war und wir den Raum verlassen durften. Bei unserer Verabschiedung küssten wir seine rechte Hand und gingen rückwärts aus dem Raum. Vor lauter Respekt wagten wir es nicht, ihm den Rücken zuzuwenden.

An diesem Tag stieß Onkel Khaled etwas später zu unserem

Treffen dazu, weil er noch gearbeitet hatte. Er war an diesem Tag ungewöhnlich einsilbig. Als mein Großvater ihn fragte, wie es seiner Familie gehe, antwortete er nur sehr kurz und trommelte nervös mit seinen Fingern auf dem Teeglas herum.

Plötzlich stand er auf. Obwohl mein Großvater ihm nicht das Wort erteilt hatte, fing er an zu sprechen. „Ich will euch etwas mitteilen", sagte er mit leiser, aber dringlicher Stimme. Er schaute in die Runde, so als wollte er sich vergewissern, dass er unsere ungeteilte Aufmerksamkeit hatte. Dann platzte es aus ihm heraus: „Ich bin kein Muslim mehr." Nach einer kurzen Pause fügte er hinzu: „Ich bin Christ geworden!"

Diese Worte schlugen bei uns ein wie eine Atombombe. Wenn mein Onkel nur gesagt hätte, dass er kein Muslim mehr ist, hätten wir damit irgendwie umgehen können. Man hätte sich überlegt, ob er von einem *jinn* befallen wäre und wie man ihm helfen könne, wieder zum Glauben zurückzufinden. Alles wäre verkraftbar gewesen. Doch das Allerschlimmste war eingetreten: Onkel Khaled war Christ geworden. Und dann teilte er dies auch noch auf eine solch respektlose Art und Weise mit, die gegen jede Regel und jeden Anstand verstieß. Wir verfielen in Schockstarre. Minutenlang schauten wir ihn nur schweigend an. Dann erhob sich mein Großvater und ging langsam auf meinen Onkel zu, der immer noch mitten im Raum stand. „Sprich die *shahada*", forderte er ihn mit schneidender Stimme auf.

„Nein", sagte mein Onkel. „Ich werde das Glaubensbekenntnis nicht sprechen, denn ich glaube nicht mehr, dass Muhammad ein Prophet ist." Nach diesen Worten kehrte er dem Großvater den Rücken zu und verließ den Raum.

Spätestens jetzt, nachdem er sich geweigert hatte, das islamische Glaubensbekenntnis zu sprechen, war allen im Raum klar, dass Onkel Khaled es mit seiner Entscheidung ernst meinte: Er bekannte sich tatsächlich zum Christentum.

Mein Großvater ließ sich zurück in seine goldbestickten Kissen fallen. Er saß zusammengesackt da und blickte auf den Boden. Nichts erinnerte mehr an seine aufrechte, vor Stolz und Selbstbewusstsein strotzende Haltung, die er sonst auf seinem Ehrenplatz einnahm. Er war völlig entsetzt und wegen des demonstrativ respektlosen Verhaltens seines Sohnes auch zutiefst gekränkt und beschämt. Noch nie hatte es jemand gewagt, ihn so zu behandeln, erst recht niemand aus dem Clan! War das der Dank dafür, dass er seinem Sohn eine Ausbildung in England und Kairo finanziert und ihm dadurch die beste Zukunft ermöglicht hatte? Er, sein Vater, hatte ihm durch seine Kontakte zu seiner Position beim Geheimdienst verholfen! Schnell war die Familie sich einig, dass man Khaled umbringen musste, weil er Schande über uns alle gebracht hatte. Mein Vater sollte sich um diese Angelegenheit kümmern. Als er jemanden losschickte, um Onkel Khaled zu töten, kam dieser jedoch zu spät: Der Geheimdienst hatte meinen Onkel bereits hinter Gitter gebracht.

Als hoher Geheimdienstfunktionär hatte er seine Position ausgenutzt, um alle Christen, die seinetwegen im Kober-Gefängnis saßen, zu entlassen. Außerdem hatte er seinen Arbeitskollegen erzählt, dass er Christ geworden war. Schon das alleine hätte nach unserer Gesetzgebung, die sich inzwischen an der Scharia orientierte, genügt, um ihn in die Todeszelle zu befördern.

Onkel Khaleds Konversion ließ sich also nicht mehr verheimlichen. Nun musste die Familie Stärke zeigen. Meine Familie und die Familie der Frau meines Onkels beschlossen innerhalb von Minuten, dass Khaleds Frau von ihrem Mann zwangsgeschieden werden musste. Nach der Scharia darf eine Muslimin nicht mit einem vom Islam abgefallenen Ungläubigen verheiratet sein. Also gingen sie mit ihr in die Moschee, wo sie zwangsgeschieden wurde. Auch das Sorgerecht für seine drei Kinder wurde ihm entzogen. Da die Kinder nach unserem Verständnis der Familie des Mannes gehörten, wohnten sie fortan bei uns.

Ich fühlte mich wie gefangen in einem schlechten Traum, aus dem ich einfach nicht erwachen konnte. Ich wollte nicht glauben, dass so etwas geschehen war! Gerade Onkel Khaled, der so ein eifriger Löwe

Allahs war, verriet alles, was uns wertvoll und wichtig war. Es wollte nicht in meinen Kopf, dass mein „Papa", zu dem ich aufschaute, nun zu einer Sorte Mensch geworden war, die wir und er selbst bisher tief verabscheut und bitter bekämpft hatten.

Wohl jeder in meiner Familie war von Khaleds Verhalten geschockt, aber für mich waren damit alle meine bisherigen Moralvorstellungen und Ideale in ihren Grundfesten erschüttert worden. Weil ich ihn so liebte und verehrte, fühlte ich mich auf der einen Seite durch seine Konversion von ihm getäuscht und verraten. Auf der anderen Seite gab es auch diese Unsicherheit: Wenn er bereit war, alle Tabus zu brechen und solch einen Schritt zu gehen, dann musste da mehr dahinterstecken, glaubte ich. Wollte ich glauben! Er war ein kluger Kopf, der nicht ohne plausible Gründe alles hinter sich lassen würde, was ihm bisher heilig gewesen war und was ihn ausmachte. Onkel Khaled musste etwas erlebt haben, das sein Leben verändert hatte. Er musste etwas über das Christentum wissen, von dem wir keine Ahnung hatten und wofür es sich lohnte, sein Leben aufs Spiel zu setzen.

Onkel Khaleds ganz eigene Geschichte

Tatsächlich hatte mein Onkel ein sehr eindrückliches Ereignis erlebt, das ihn dazu bewegte, sich zum Christentum zu bekennen, wie er mir später erzählte: Schon seit einiger Zeit ließ der Geheimdienst das „Evangelische Kulturzentrum" beobachten. Es lag im Herzen Khartums und war verdächtig aktiv. Es betrieb eine eigene Schule, veranstaltete Ausstellungen von christlicher Literatur, um sie entweder zu verkaufen oder kostenlos zu verteilen.

Außerdem fanden dort regelmäßig Konferenzen statt. Bei diesen Konferenzen kamen mehrere hundert Christen aus der Umgebung zusammen: Ägyptische Kopten, Anglikaner und evangelische Christen trafen sich eine Woche lang jeden Abend zu Vorträgen, sogenannten Bibelabenden. Dies war meinem Onkel suspekt: Was machten so viele Menschen aus den unterschiedlichsten Kirchen mehrere Abende hintereinander? Als er dann auch noch erfuhr, dass der leitende Pastor des Zentrums Südsudanese war, war er sich sicher: Diese Konferenzen mussten eine Verschwörung sein mit dem Ziel, die nordsudanesische Regierung zu stürzen.

Wenige Wochen vor seiner Konversion, hatte mein Onkel deshalb einen Einsatztrupp des Geheimdienstes für den letzten Abend einer der Konferenzwochen bestellt. Er hatte geplant, den Pastor und möglicherweise noch andere Menschen festzunehmen. Den Beamten hatte er befohlen, die Ausgänge des Gebäudes zu bewachen und niemanden aus dem Zentrum herauszulassen. „Mit Festnahmen wartet ihr, bis ich euch grünes Licht gebe", sagte er und betrat das Zentrum zunächst alleine. Wie bei allen Einsätzen trug er zivile Kleidung, um nicht aufzufallen. Für alle Fälle hatte er jedoch eine Pistole in seiner Tasche.

Vorne am Rednerpult stand ein Pastor und predigte. Mein Onkel nahm in der letzten Stuhlreihe Platz und schaute sich um. Zum ersten Mal in seinem Leben war er in einem christlichen Versammlungsgebäude. Was hatte ihn nur dazu gebracht, hier hineinzugehen? Normalerweise war dies gar nicht seine Aufgabe. Als hochrangiger Funktionär entschied er Festnahmen üblicherweise von seinem Schreibtisch aus und führte sie nicht selbst durch. Doch dieses Zentrum hatte ihn neugierig gemacht. Er wollte es mit eigenen Augen sehen und diesen Pastor, dem es gelang, so viele Menschen um sich zu versammeln, selbst reden hören.

An diesem Abend erzählte der Pastor die biblische Geschichte von Saulus, der zum Paulus wurde. Saulus, ein fanatischer Jude, verfolgte die junge christliche Gemeinde aufs Härteste – bis er vor den Stadttoren Damaskus' eine Vision hatte: Ihm begegnete Jesus, der ihn fragte: „Saul, warum verfolgst du mich?" Nach diesem Erlebnis wurde aus dem Verfolger Saulus der Nachfolger Paulus, einer der bekanntesten Missionare der frühen Christenheit, der viele christliche

Gemeinden gründete und viele Briefe des neuen Testamentes schrieb, wie beispielweise seinen Brief an die christliche Gemeinde in Rom.

Onkel Khaled hatte keine Ahnung, wer Saulus war und dass es sich bei ihm um eine historische Person aus dem ersten Jahrhundert nach Christus handelte. Der Pastor schmückte die Erzählung aus der Apostelgeschichte wie üblich aus: „Vielleicht war Saulus sehr religiös und grausam und wollte etwas Gutes für Gott tun?“, sinnierte er. „Vielleicht stürmte er die Häuser der Christen, zerrte sie vom Essen weg und warf sie direkt ins Gefängnis?“ Mein Onkel horchte auf. Was redete dieser Pastor da? „Möglicherweise hat Saulus eine Familie im Wohnzimmer beim Gebet vorgefunden, den Vater aus dem Gebet gerissen und verhaftet. Möglicherweise saß der Vater jahrelang ohne jegliche Rechte in einer Gefängniszelle und konnte seine Kinder nicht heranwachsen sehen.“ Onkel Khaled war wie vor den Kopf gestoßen. Der Pastor sprach von ihm! Genau dies hatte er vor einigen Jahren gemacht: Er hatte einen christlichen Familienvater verhaftet, als der mit seiner Frau und seinen Kindern beim Gebet war. Erst nach mehreren Monaten entließ er ihn wieder aus dem Gefängnis.

Mein Onkel sah viele Parallelen zwischen dem Saulus aus der Geschichte und sich selbst. Woher weiß dieser Pastor das alles über mich, wunderte er sich. Wahrscheinlich arbeitet er für einen ausländischen Geheimdienst! Eine Frechheit, wie er vor Hunderten von Menschen Staatsgeheimnisse verrät! Die Christen sind mutig geworden. Sie scheinen keine Angst mehr vor unserer Regierung zu haben. Wo wird das enden? Diese Gedanken schossen ihm in Windeseile durch den Kopf.

Besonders erschütterte ihn, dass der Pastor es wagte, diesen Christen zu erzählen, wie schlimm er, Khaled Turabi, war. Auch wenn er von Saulus sprach und nicht seinen Namen nannte – der Pastor stellte ihn bloß. Er hatte vor allen Menschen im Raum sein Gesicht verloren. Spätestens jetzt hatte er allen Grund, diesen Mann zu töten. Obwohl der für ihn nun ein Todfeind war, entschloss er sich, bis zum

Ende des Gottesdienstes zu warten. Er wollte nicht so respektlos wie dieser Ungläubige sein, ihn vor versammeltem Publikum erschießen und ihn und seine Familie damit entehren.

Kurz vor Ende des Gottesdienstes ging er deshalb zu seinen Leuten hinaus und schickte sie nach Hause. Diese Angelegenheit wollte er alleine zu Ende bringen, schließlich galt der Angriff in seinen Augen auch ihm persönlich. Als der Pastor nach der Veranstaltung mit zwei Menschen ins Gespräch vertieft war, zog Onkel Khaled seine Pistole aus der Tasche, entsicherte sie und ging geradewegs entschlossen auf den Pastor zu. Er hielt ihm die Waffe an die Schläfe: „Woher kannten Sie meine Geschichte?", fragte er ihn wütend. „Sie haben mich vor allen Menschen bloßgestellt!"

Panik spiegelte sich in den Augen des Pastors, auf seiner Stirn bildeten sich Schweißperlen, seine Hände zitterten. Er wusste, dass dieser aufgebrachte Mann, der ihm die Pistole an den Kopf hielt, nicht zögern würde, abzudrücken. Außerdem war ihm bekannt, dass ein Muslim gemäß der Schariagesetze mit einer leichten Strafe davonkam, wenn er einen Nichtmuslim umbrachte. „Ich habe nicht *Ihre* Geschichte erzählt", stammelte er. „Ich habe über Saulus von Tarsus aus der Bibel gesprochen. Bevor Sie mich erschießen, lassen Sie mich diesen Text vorlesen, ich werde es Ihnen beweisen", flehte der Pastor.

Als mein Onkel nicht widersprach, nahm er seine Bibel vom Rednerpult, öffnete sie und las mit ihm die ersten Verse im neunten Kapitel der Apostelgeschichte. Zum ersten Mal in seinem Leben sah mein Onkel eine aufgeschlagene Bibel. Nachdem der Pastor die Geschichte vorgelesen hatte, erkannte mein Onkel, dass er tatsächlich nicht über ihn, sondern über diesen Saulus gesprochen hatte. Daraufhin steckte Onkel Khaled seine Pistole wieder in seine Tasche. „Ich will mehr darüber wissen", bat er den Pastor. Beide setzten sich und redeten bis tief in die Nacht über den christlichen Glauben. In den folgenden Tagen suchte Onkel Khaled den Pastor mehrmals auf. Es dauerte nicht lange, bis er entschied, Christ zu werden. Es gibt

Konvertiten, die den Koran mit der Bibel vergleichen und alle Argumente abwägen, bis sie eine Entscheidung treffen. So war mein Onkel nicht. Er fühlte sich von Gott persönlich angesprochen, was ihn völlig überzeugte. In Saulus, der sehr religiös war, und die Verfolgung von Christen als Gottesdienst ansah, erkannte er sich selbst, war bewegt davon, dass Gott so gnädig war und diesen Mann trotz seiner Vergehen annahm.

„Wenn es einen Gott gibt, der sogar einem Menschen wie Saulus vergibt und ihn verändert, dann will ich diesen Gott kennenlernen", erklärte mein „Papa" mir seine Entscheidung später.

KAPITEL 7

Der Tag, der mein Leben veränderte

Nichts wünschte ich mir mehr, als Onkel Khaled wieder zum Islam zu bekehren. Was hätte ich darum gegeben, wieder zusammen mit ihm im Wohnzimmer meines Großvaters sitzen zu können und alles wäre so wie früher. Stattdessen saß Onkel Khaled nun, getrennt von uns und seiner Familie, im Gefängnis. Meine hohe Meinung von ihm war zerstört, aber mich enttäuschte auch, wie abfällig mein Vater und mein Großvater über ihn sprachen.

Zum ersten Mal machte ich mir ernsthafte Gedanken über den christlichen Glauben. Ich zermarterte mir den Kopf, wie ich meinen Onkel wieder auf den richtigen Pfad zurückbringen konnte. Für gute Argumente war er bisher immer empfänglich gewesen. Vielleicht gelang es mir, ihm zu zeigen, dass er falsch lag? Doch um wirklich mit ihm diskutieren zu können, musste ich mehr über den Jesus dieser Christen und das verfälschte Bibelbuch herausfinden.

Also machte ich mich ans Werk und recherchierte. Zuerst stieß ich auf Sure 19, die Sure „Mariam", in der beschrieben wird, wie Maria unter einer Palme einen Sohn namens *Isa Ibn Mariam* (Jesus, Sohn der Maria) zur Welt bringt. Dabei fiel mir auf: Maria ist die einzige Frau, die im Koran mit Namen erwähnt wird. Sie wird als die „Auserwählte"[38] bezeichnet. Irgendetwas Besonderes musste also an diesem Propheten Isa sein, dachte ich mir, der im Koran auch „Wort Gottes" und „Geist Gottes" genannt wird. Jesus wirkte Wunder, heilte Blinde und erweckte sogar Tote wieder zum Leben.[39] Zudem ist er ohne Sünde – etwas, was im Koran über keine andere Person gesagt wird. Dann las ich, dass Jesus weder getötet noch gekreuzigt worden war, sondern Gott ihn zu sich in den Himmel erhoben hatte.[40] Diese besondere Stellung, die Jesus laut dem Koran innehatte, verwirrte mich. Bereits zweimal hatte ich eine *'umra*, eine kleine Pilgerfahrt nach Mekka gemacht, und anschließend auch das Grab Muhammads in Medina besucht. Der Prophet, der von uns so verehrt wurde, war nicht wie Jesus bei Gott, sondern tot.

Ich wagte nicht, es laut auszusprechen, aber in meinem Inneren kamen erste Zweifel daran auf, ob Muhammad tatsächlich ein solch herausragender Prophet war. Hatten die Christen recht damit, dass Jesus mehr als ein Prophet war? Schnell versuchte ich diesen Gedanken zu verdrängen. Man musste die islamischen Glaubenssätze akzeptieren, ohne sie zu hinterfragen. Sonst fiel man ab vom Glauben. Und das wollte ich auf keinen Fall.

Die Fragen, die ich über das Christentum hatte, ließen sich jedoch nicht so leicht verdrängen. Deshalb entschied ich mich, meinen Onkel, den Imam unseres Viertels, aufzusuchen. „Scheich, kann ich mit dir reden?", sprach ich ihn nach dem Freitagsgebet an. Er führte mich in eine Art Wohnzimmer, in dem Koran-Kaligrafien an der Wand hingen und religiöse Bücher in den Regalen standen. Hier empfing er Menschen zu seelsorgerlichen Gesprächen.

Zuerst wollte ich von ihm wissen, wie das mit der Bibelverfälschung – von der wir alle überzeugt waren – genau vor sich gegangen war. „Wer genau hat die Bibel denn verfälscht?", fragte ich. Mein Onkel antworte kurz: „Das weiß ich nicht." „Hast du jemals eine Bibel gesehen?", wollte ich von ihm wissen. „Nein, wir reden nicht mit Christen und beschäftigen uns nicht mit ihrem Buch", sagte er. „Wie können wir wissen, ob etwas verfälscht wurde, wenn wir uns gar nicht damit auseinandersetzen?", entgegnete ich. Als ich danach begann, über meinen Onkel Khaled zu sprechen, wurde der Imam wütend. Der Ärger darüber, dass mein Onkel Schande über die Familie gebracht hatte, saß tief. Ich bat ihn trotzdem, Onkel Khaled im

Gefängnis zu besuchen und zu versuchen, ihn wieder zum Islam zu bekehren. Ich wollte nicht hinnehmen, dass mein geliebter Onkel im Gefängnis saß und von unserer Familie verstoßen wurde. Doch die hasserfüllte Antwort meines Onkels ließ jede Hoffnung in mir sterben: „Lass ihn, er wird in der Hölle landen." Auf meinen Einwand, dass sie doch Brüder seien, sagte er nur: „Jeder, der die *shahada* nicht sagt und den Islam und den Propheten verleugnet, ist nicht mein Bruder."

Ich schluckte. Seine Unbarmherzigkeit und Lieblosigkeit gegenüber seinem eigenen Bruder entsetzte, sein Desinteresse an meinen Fragen enttäuschte mich. Ich merkte, dass es mir längst nicht mehr nur darum ging, Argumente zu finden, um meinen Onkel wieder auf den rechten Weg zu führen. Die Fragen, die ich im Blick auf den Glauben der Christen hatte, waren meine persönlichen Fragen geworden. Ich sehnte mich danach, zufriedenstellende Antworten auf sie zu finden.

Der Augenöffner

Seit vier Wochen verbrachte ich jeden Nachmittag auf der Intensivstation der Universitätsklinik in Khartum. Direkt nach den Vorlesungen in der Universität besuchte ich dort meinen Cousin Fouad, den Sohn von Onkel Khaled, der bereits seit einem Monat im Koma lag.

Nach der Gefangennahme meines Onkels war die schwere Erkrankung Fouads der zweite gewaltige Schicksalsschlag in unserer Familie. Etwa zwei Jahre, nachdem Fouad mit seinen beiden kleineren Schwestern zu uns gezogen war, wurde er krank. Unser Hausarzt diagnostizierte Malaria, verbunden mit einer anderen Infektionskrankheit. Er verschrieb Medikamente. Doch die schlugen nicht an. Das Fieber stieg, der Junge wurde immer schwächer. Kurz nachdem wir ihn ins Krankenhaus gebracht hatten, fiel er ins Koma.

Auch an diesem Tag, der zum wichtigsten Tag meines Lebens werden sollte, saß ich wieder am Krankenbett meines Cousins. Mechanisch las ich im Koran, doch wirklich konzentrieren konnte ich mich nicht. Immer wieder blickte ich in das hagere Gesicht vor mir. Der elfjährige Junge war viel zu klein für das große Bett. Durch die vielen medizinischen Geräte, mit denen er verbunden war, sah er entstellt aus. Manchmal zitterten seine Augenlider ein wenig. Diese kleinen Bewegungen und der schwache Herzschlag, der auf dem Monitor angezeigt wurde, waren die einzigen Anzeichen dafür, dass er noch lebte. Mit jedem Tag sank die Chance für ihn, zu überleben. Auch wenn die Ärzte es uns nicht direkt mitteilten, wussten wir, dass sie ihn aufgegeben hatten und er sterben würde.

In meinen *du'as* bat ich Allah um Heilung, doch in meinem Inneren rechnete ich nicht mit einem Wunder. Meine Abendgebete in der Moschee des Krankenhauses leistete ich routinemäßig ab und versuchte, die Wege des Allmächtigen zu akzeptieren. Doch es gelang mir nicht so richtig: Ich fühlte mich ohnmächtig und von Allah im Stich gelassen. Muss Fouad sterben, weil sein Vater ungläubig geworden ist?, fragte ich mich. Ist das die Strafe Gottes an unserer Familie? Den Gedanken, dass es unfair von Allah wäre, für den Fehltritt meines Onkels ein unschuldiges Kind zu bestrafen, verdrängte ich rasch. Nichts hinterfragen, alles akzeptieren, so hatte ich es gelernt!

Doch noch mehr als mein sterbender Cousin beschäftigte mich nach wie vor die Tatsache, dass mein Onkel vom Islam abgefallen war. Wie hatte es bloß dazu kommen können? Mir fiel es immer noch schwer zu glauben, dass Onkel Khaled sich bewusst gegen seine Religion, seine Tradition und seine Familie gestellt hatte. Mein großes Vorbild, mein „Papa"! Er stand mir so nah und war mir nun so fremd geworden. Als Familie waren wir immer loyal zueinander und nun war auf einmal alles anders. Gerne hätte ich Onkel Khaled im Gefängnis besucht, um mit ihm darüber zu reden, doch das war nicht möglich. Es wäre ein Verrat an meinem Vater und Großvater gewesen, hätte ich mich dort blicken lassen.

Während ich meine Gedanken schweifen ließ, schaute ich durch ein Fenster auf den langen Krankenhausflur. Zwei Männer kamen den Gang entlang, die nicht wie Sudanesen, sondern wie Ägypter aussahen. Als sie näher kamen, ahnte ich, dass es christliche Kopten waren und hoffte, dass sie an der Tür zu Fouads Zimmer vorbeigehen würden. Jetzt, in dieser traurigen Situation, wollte ich mir einen Streit mit ihnen ersparen, nicht so unverschämt sein und sie aus unserem Krankenzimmer hinauswerfen müssen. Leider steuerten die beiden zielsicher auf unser Zimmer zu. Als es klopfte, öffnete ich die Tür. Was mir bei den beiden Besuchern direkt ins Auge fiel, waren die kleinen Kreuze, die sie auf ihre Handgelenke tätowiert hatten. „Was wollt ihr?", fragte ich sie. „Wir haben deinen Onkel im Gefängnis besucht", sagte der Ältere der beiden, ohne auf meine Frage einzugehen. Das berührte mich. Sie hatten das getan, was eigentlich meine Pflicht gewesen wäre: Sie hatten meinen Onkel besucht, der seit mittlerweile zwei Jahren in einer Zelle auf sein Todesurteil wartete. Das brach nicht nur das Eis zwischen uns, sondern ich dachte mir auch, sie müssen gute Menschen sein, wenn sie das getan hatten. Ich machte den Weg ins Zimmer frei. „Was wollt ihr?", fragte ich sie trotzdem noch einmal. „Wir haben gehört, dass Khaleds Sohn krank ist und sind gekommen, um für das Kind zu beten", entgegnete der Ältere.

Für mich war völlig fremd, dass Christen – in meinen Augen Ungläubige – beteten. Mir war das alles nicht geheuer. Eigentlich wollte ich sie bitten, wieder zu gehen, aber das wäre unhöflich gewesen. In unserer Kultur sagt man manchmal „Ja", obwohl man „Nein" denkt. So war es auch hier. „O.K., ihr könnt beten, aber dann geht bitte!", erlaubte ich ihnen widerwillig.

Die beiden stellten sich neben das Krankenbett und fingen an zu beten, so vertraut, als ob sie mit einem Freund reden würden. „Bitte, bitte, Gott heile ihn!", sagten sie. Ibrahim legte seine Hand segnend auf Fouads Kopf, sein Freund hielt die Hand meines Cousins. Ich war beeindruckt, mit welcher Liebe und Entschlossenheit sie für ihn beteten. Andererseits fand ich es anmaßend, wie sie mit Gott umgingen. Wenn ich Allah um etwas bat, sprach ich eine auswendig gelernte *du'a,* die sehr vorsichtig formuliert war, denn ich wagte nicht, den Allmächtigen in seinem Handeln festzulegen. Auch dass sie im Namen Jesu beteten, verstörte mich. Zudem war ich erstaunt, dass diese Christen für die Heilung eines muslimischen Jungen beteten. Wenn ich für Christen betete, dann für deren Zerstörung. Mein Gebet lautete dann zum Beispiel: „Gott, töte ihre Kinder" oder „Mach ihre Frauen unfruchtbar!"

Es fiel mir schwer einzuordnen, was da vor sich ging und so beobachtete ich alles ganz genau. Ich wünschte mir so sehr, dass Fouad gesund werden würde, war aber überzeugt, dass das Gebet dieser Christen nicht helfen konnte. So wartete ich ab, bis diese Männer mit ihren Kreuzen das Gebet beendet hatten. Endlich sagten sie „Amen".

Ich stand auf und ging zur Tür, um die beiden aus dem Zimmer zu schicken. Doch dann hielt ich erschrocken inne, schaute zum Krankenbett und sah, wie Fouads Gesichtsfarbe sich langsam änderte: Die Todesbleiche wich, das Gesicht wirkte wieder besser durchblutet. Seine Augenlider zuckten. Langsam, wie in Zeitlupe, öffnete der Junge seine Augen, schaute erstaunt nach rechts und links, dann wieder nach rechts. Sein Blick blieb an mir hängen, wahrscheinlich erkannte er mich in diesem Augenblick. Ich war wie erstarrt: Fouad war wach und schien bei vollem Verstand zu sein! Doch nicht genug: Jetzt bewegte er langsam seine Hände. Dann hob er vorsichtig seine Arme. Es sah so aus, als ob sein Körper Stück für Stück wieder zum Leben erwachte.

Die ehrfurchtsvolle Stille im Raum wurde jäh durch ein lautes Piepen unterbrochen. Irgendeines der Geräte schlug Alarm. Zwei Krankenschwestern stürmten ins Zimmer. Meine Knie zitterten und ich sank auf den Stuhl, der am Krankenbett stand. Ich starrte Fouad an und konnte keine Worte finden, die Gedanken in meinem Kopf schlugen Purzelbäume: Die Ungläubigen beten und es geschieht ein Wunder. Nein, das ist Zufall, Fouad hätte auch ohne das Gebet der Ungläubigen gesund werden können. Aber warum ist er dann direkt nach dem Gebet aufgewacht und nicht zu einem anderen Zeitpunkt? Was ist eigentlich mit meinem Glauben: Ich habe vier Wochen lang gebetet und Koranverse gelesen und nichts ist passiert?! Wer ist ungläubig, die oder ich? Ich konnte keinen klaren Gedanken fassen. Was war hier gerade passiert?

„Halleluja, Halleluja", riefen die christlichen Besucher. Die Krankenschwestern stimmten einen hohen, schrillen Freudenjubel an. Ich strich meinem Cousin über den Kopf, noch immer unfähig, etwas zu sagen. „Wir werden ihn noch ein paar Tage zur Kontrolle hier behalten, sein Körper muss langsam wieder zu Kräften kommen", erklärte mir eine der Krankenschwestern. „In Ordnung", entgegnete ich und schaute auf die Uhr. Es war gegen sechs Uhr abends. Noch immer war ich wie benebelt und wusste nicht, wie ich das Erlebte einordnen sollte. Also ging ich auf den Flur. Dort sah ich, dass der Nebenraum, eine Art Wartezimmer, leer war. In den winzigen Raum passten nur zwei Stühle und ein kleiner Tisch. Er schien wie für mich geschaffen zu sein. Ich ging hinein, schloss die Tür, setzte mich, schloss die Augen und versuchte meine Gedanken zu sortieren und das Geschehene zu verstehen.

Innerlich wusste ich, dass etwas Übernatürliches geschehen war. Wenn das passiert wäre, nachdem ich den Koran gelesen hätte, wäre ich mir sicher gewesen, dass Allah ein Wunder gewirkt hätte. Doch das Wunder passierte erst, nachdem diese Christen kamen und irgendeine Magie machten, die sie Gebet nannten. In diesem Moment öffnete sich die Tür und einer der beiden Christen – sein Name war Ibrahim – betrat den Warteraum. „Darf ich?", fragte er und zeigte auf den leeren Stuhl. Irgendwie war ich erleichtert, dass er zu mir gekommen war und nickte.

Ibrahim schien meine Gedanken lesen zu können. „Du kannst denken, das war Magie oder Zufall, aber ich möchte dir sagen: Wir glauben an einen Gott, der lebendig ist und der Wunder tun kann." „Aber ich glaube auch an Gott", entgegnete ich. „Kennst du ihn?", fragte er. Ich verstand die Frage nicht. „Wie meinst du das? Woher soll ich ihn kennen? Gott ist doch außerhalb von Raum und Zeit." Ich war ein sehr religiöser Mensch und glaubte, dass Gott mein Leben lenkte und ich eines Tags vor ihm stehen und mich vor ihm rechtfertigen müssen würde. Allerdings konnte ich nicht von einer Beziehung zu Gott sprechen. Vielmehr hatte ich Angst vor Gott, betete und las im Koran hauptsächlich, um den Höllenqualen im Jenseits zu entgehen.

Ibrahim fing an zu erzählen. Er begann mit den ersten Menschen, von denen in der Bibel die Rede ist: Adam und Eva. Sie sündigten und wurden dadurch von der Gemeinschaft mit dem heiligen Gott getrennt. Ich verstand, dass wir Menschen von Natur aus sündige Menschen sind. „Es gibt keine Schulen, wo Kinder lernen zu lügen oder andere Kinder zu schlagen, das kann jeder von sich aus", erklärte Ibrahim.

Er öffnete seine Bibel und las einen Vers: „Der Lohn der Sünde ist der Tod, aber die Gabe Gottes ist das ewige Leben."[41] Er fuhr fort: „Jesus hat uns nicht nur den Weg zu Gott gezeigt, sondern er sagte von sich: Ich bin der Weg, die Wahrheit und das Leben[42]. Wenn du zu Gott kommen willst, kann Jesus dich dahinbringen."

Außerdem sagte er: „Du musst wegen deiner Sünden nicht sterben, sondern Gott ist Mensch geworden, er kam auf diese Erde und starb für deine Sünden." Für mich war die Aussage, dass Gott Mensch wurde und ans Kreuz ging selbstverständlich eines der schlimmsten Dinge, die ein Mensch sagen konnte. Dennoch beeindruckte mich die Idee irgendwie: Ich wusste nie, ob meine Religiosität und meine Taten ausreichten, um nach dem Tod bei Gott zu sein. Ibrahim hingegen sagte mir, dass ich mir sicher sein konnte, dass der Himmel nach dem Tod auf mich wartete, wenn ich nur an Jesus glaubte.

„Gott liebt dich und hat einen Plan für dich. Er meint es gut mit dir, ohne dass du etwas leisten musst", fuhr Ibrahim fort. Diese Worte klangen fast zu schön, um wahr zu sein. Ich wünschte mir nichts mehr, als dass sie wahr wären und es tatsächlich solch einen Gott gäbe. Allerdings fiel es mir unheimlich schwer zu glauben, dass Gott mich liebt, unabhängig von dem, was ich tue. Und dass seine Liebe nichts mit meiner Religiosität oder Frömmigkeit zu tun hat. Es gibt nichts in meinem Leben, was ich tun kann, um diese Liebe zu vergrößern oder zu mindern: Sie ist unveränderlich, weil sie Gottes Wesen ist.

Ich wusste, wenn Jesus wirklich der ist, von dem Ibrahim erzählt hat, dann musste ich mich ändern. Wenn Gott wirklich alle Menschen liebt, konnte ich Christen und Juden nicht mehr hassen. Wenn Jesus der Weg zu Gott ist, dann war mein frommes Leistungsdenken fehl am Platz.

Die ganze Nacht redete ich mit Ibrahim. Die so sehnlich gewünschte offene Diskussion, die ich mit meinem Onkel, dem Imam, vergeblich gesucht hatte, konnte ich hier bis zum Morgengrauen führen. Ich konnte alle meine Fragen, Zweifel und Unsicherheiten äußern. Zum Schluss fragte mich Ibrahim, ob ich glaubte, dass Jesus Christus lebt. Ich nickte, denn das sagte auch der Koran. „Weil er lebt, darum haben wir vorhin am Krankenbett im Gebet mit ihm geredet. Und wenn du auch glaubst, dass er lebt, kannst du mit ihm reden."

Obwohl ich vieles nicht begriff und noch immer große Vorbehalte gegenüber dem christlichen Glauben hatte, wuchs in mir das Verlangen, mit Jesus zu reden. Als die Muezzine in der Stadt zum Morgengebet riefen, betete ich zum ersten Mal in meinem Leben zu Jesus. „Wenn du wirklich derjenige bist, von dem dieser Mann redet, dann will ich, dass du mich veränderst", bat ich ihn.

Ich verabschiedete mich von Ibrahim und ging langsam nach Hause. Vor wenigen Stunden hatte ich ein unfassbares Wunder erlebt: Mein Cousin war aus dem Koma erwacht und kerngesund! Doch ich spürte, dass noch ein weitaus größeres Wunder geschehen war: In dem Moment, in dem Fouads Augen sich öffneten, wurden auch meine Augen geöffnet. Gott war mir begegnet.

KAPITEL 8

Der schlimmste Tag meines Lebens

Leise schloss ich die Türe meines Zimmers hinter mir und lauschte in den Gang hinaus. Es war nichts zu hören. Ich atmete auf. Niemand aus der Familie hatte mitbekommen, dass ich nach Hause gekommen war. Auf keinen Fall wollte ich, dass mich jemand beim Bibellesen entdeckte. Noch am selben Tag, an dem ich zum ersten Mal zu Jesus gesprochen hatte, war ich zur Khartumer Bibelgesellschaft gegangen und hatte mir eine Bibel gekauft. Jetzt, wo das Buch vor mir auf dem Tisch lag, überkam mich eine konfuse Angst. Ich hatte verinnerlicht, dass dieses Buch unrein ist und man auch selbst unrein wird, wenn man es berührt. Außerdem wusste ich nicht, wie ich es öffnen sollte. Von der linken oder der rechten Seite – so wie ich ein normales Buch öffnen würde? Und, ebenfalls eine wichtige Frage: Müsste ich mich erst waschen, oder könnte ich es ungewaschen aufschlagen? Den Koran las ich nur, wenn ich rituell rein war. So hatte man es mir beigebracht. Das hatte ich mir zu Herzen genommen. Weil ich auch durch meine Körperhaltung Respekt vor dem Buch der Christen zeigen wollte, saß ich aufrecht. Dann entschloss ich mich, die Bibel doch erst nach einer rituellen Waschung zu öffnen. Falls es tatsächlich das Buch Gottes war, wollte ich auf keinen Fall einen Fehler machen. Wenig später kehrte ich mit einem besseren Gefühl in mein Zimmer zurück.

Ich begann mit dem ersten Buch der Bibel, der Genesis, und war fasziniert, wie chronologisch die Erzählungen in der Bibel aufgebaut waren. Vom Koran kannte ich das nicht. Die Suren sind nicht nach einer zeitlichen Reihenfolge angeordnet, sondern nach der Länge der Kapitel. Bei jedem Satz, den ich las, versuchte ich, etwas Verfälschtes zu finden. Aber weil alle Informationen neu für mich waren, war mir das nicht möglich.

Zwei Stellen in der Bibel las ich besonders intensiv: Die Bergpredigt und den Stammbaum Jesu. Jeden Namen der Vorfahren Jesu prägte ich mir ein und versuchte, in der Bibel noch mehr über die Ahnen Jesu wie beispielsweise Abraham und David zu erfahren. Bevor man an jemanden glaubt, muss man wissen, aus welcher Familie er stammt, war meine Überzeugung.

Die Bergpredigt[43] sprach mich besonders an, weil sie für mich wie eine Art christliche Scharia war, die mir sagte, was ich als Gläubiger zu tun habe. Das Vaterunser, das dort zu finden ist, lernte ich auswendig. Wenn Jesus sagt, dass man genau auf diese Weise beten solle, dann war mir klar, dass dies mein Vorbild, meine neue *sunna* war, an die ich mich halten musste.

Mehrere Wochen las ich die Bibel im Geheimen und versteckte sie anschließend immer gut, damit sie niemand finden konnte. Meine innere Uhr weckte mich wie immer morgens zum Frühgebet, aber statt den Gebetsteppich auf dem Boden meines Zimmers zu legen, schlug ich nun meine Bibel auf. In der Öffentlichkeit betete ich die Pflichtgebete aber weiterhin mit, um nicht negativ aufzufallen.

Gefangen in diesem Zwiespalt fühlte ich mich zunehmend unwohl. Ich spürte, wie ich mich innerlich immer mehr von meinem islamischen Glauben distanzierte. Die Heilung meines Neffen hatte meine Sicht der Dinge völlig auf den Kopf gestellt. Ich war überzeugt, dass ich dort im Krankenhaus Gottes Handeln erlebt hatte – und zwar nachdem Christen im Namen Jesu um ein Wunder gebeten hatten. Dieses Erlebnis war so real für mich, dass auch ich an diesen Gott der Christen glauben wollte. Im Gespräch mit Ibrahim hatte ich viel über den christlichen Glauben gehört, was mich überzeugte. Trotzdem blieben noch viele Fragen offen.

Muslim sein wollte ich nicht mehr – aber war ich bereit, Christ zu werden? Was wäre, wenn ich auch in der Todeszelle landen würde, wie mein Onkel – oder sofort getötet werden würde? Jedenfalls war mir klar, dass ich dieses Doppelleben, das mich innerlich mehr und mehr zerriss, nicht mehr weiterführen wollte.

Aus Gesprächen werden Verhöre

Etwa zwei Monate waren seit dem Erlebnis im Krankenhaus vergangen. Mein Cousin wohnte längst wieder bei uns und ging wieder zur Schule. Wie üblich trafen mein Vater, sein Bruder, der Imam, und ich uns täglich zu den obligatorischen Männergesprächen bei Tee und Süßigkeiten im Wohnzimmer meines Großvaters. Dabei kamen wir auch immer mal wieder auf meinen Onkel Khaled zu sprechen, der nun schon lange nicht mehr zu unserer Runde gehörte. „Wir haben ihn alle geliebt und respektiert und plötzlich soll er ein schlechter Mensch geworden sein?", verteidigte ich meinen Onkel an diesem Tag in entschlossenem Ton, als wieder voller Abscheu über ihn gesprochen wurde.

Die anderen wurden hellhörig. „Wie stehst du eigentlich zu Khaled?", fragte mich mein Großvater. „Ich habe Verständnis für das, was er gemacht hat. Und außerdem lese ich auch in der Bibel", platzte es aus mir heraus. Mein Großvater bemühte sich nicht, seinen aufsteigenden Zorn zu verbergen. „Du und dein Onkel, ihr habt die Ehre unserer Familie verletzt!", wetterte er. Seine Worte trafen mich hart, stellte er damit doch meine Loyalität zur Familie infrage.

Dennoch durfte ich an den Männertreffen weiterhin teilnehmen, auch wenn sie sich fortan immer schwieriger für mich gestalteten. Aus den Gesprächen wurden Verhöre. Mein Großvater ließ mich seinen Ärger spüren und schimpfte häufig mit mir. Also versuchte ich diesem täglichen Ritual immer häufiger zu entfliehen, was mir jedoch nicht immer gelang, da sich meist kein triftiger Grund für meine Abwesenheit finden ließ.

Meine Familie spürte aber scheinbar, dass ich mich mehr und mehr zurückzog. Eines Tages, im Februar 1991, kam mein Großvater zu Besuch in unser Haus. Wir setzten uns ins Wohnzimmer, in den *diwan*. Bei diesem Treffen wollte mein Großvater es ganz genau wissen: „Bist du wie Khaled geworden?“, fragte er mich direkt, nachdem ihm Tee eingeschenkt worden war. „Ich wollte immer wie er werden. Du weißt, dass er mir immer ein Vorbild war“, antwortete ich ausweichend. „Nein – in dieser Sache mit den Christen“, hakte er nach. „Ich denke, was er gemacht hat, ist richtig“, erwiderte ich und erzählte dann von dem Wunder, dass mein Cousin nach dem Gebet der Christen aus dem Koma erwacht und gesund geworden war. „Ich weiß, ich weiß“, wiegelte mein Großvater ab. „Die Christen haben ihre Magie und dienen dem Teufel“, sagte er. „Aber ich habe es erlebt, der Gott der Christen hat Fouad geheilt“, wagte ich ihm zu widersprechen. Da unterbrach mein Großvater das Gespräch abrupt. „Sprich die *shahada*!“, forderte er mich mit scharfer Stimme auf.

„Ich bin Christ. Ich sage die *shahada* nicht und ich glaube auch nicht mehr an Muhammad“, presste ich leise heraus. Um meinem Großvater gegenüber Respekt zu zeigen, schaute ich ihn bei meinen Worten nicht direkt an. Was folgte, war entsetztes Schweigen.

Ich verweigerte das Bekenntnis zum islamischen Glauben und zu Muhammad. Damit stand für alle Anwesenden fest, dass ich meine Familie und unsere Tradition verlasse. Und als ich ihnen sagte, dass ich Christ werden will, war für sie klar, dass ich in Zukunft westlich und unmoralisch leben möchte.

„Schau, das ist deine Erziehung“, polterte mein Großvater nach einer Weile, an meinen Vater gerichtet. Als Reaktion darauf schlug dieser mich mit voller Wucht ins Gesicht. Damit wollte er allen zeigen, dass er auf der Seite meines Großvaters stand. „Bitte, nehmt das Ganze nicht so ernst“, versuchte einer meiner Onkel zu vermitteln.

„Er ist noch jung und ihr wisst, wie sehr er an seinem Onkel Khaled hängt. Er solidarisiert sich nur mit ihm." Aber keiner ging darauf ein. Was ich gesagt hatte, war nicht zu akzeptieren.

Nach dem Schlag brannte mein Gesicht wie Feuer und schwoll merkbar an. Doch das war mir in diesem Moment egal. Nur noch eines war wichtig: Ich wollte meinen christlichen Glauben nicht länger verheimlichen. Diese kämpferische Mentalität hatte mir mein Vater beigebracht. Wenn man von etwas überzeugt ist, soll man dazu stehen, seine Meinung nicht verstecken. Um ihnen zu zeigen, dass ich es ernst meinte, und nicht nur wegen meines Onkels Christ geworden war, holte ich die Bibel aus meinem Versteck und zeigte sie allen Anwesenden. Ich wusste, dass dieser Anblick für sie kaum zu ertragen war. Es war schlimm, dass sich dieses, aus ihrer Sicht unreine, verfälschte Buch der Ungläubigen in unserem Haus befand.

Daraufhin tat mein Großvater etwas, das ich noch nie zuvor erlebt hatte: Er erhob sich schweigend und ging nach Hause, ohne sich zu verabschieden. Diese Geste entehrte meinen Vater und zeigte, wie wütend mein Großvater war. So sehr, dass er sich sogar von dem Haus seines Sohnes distanzierte. Auch mein Onkel, der sich eben noch für mich eingesetzt hatte, eilte ihm nach.

Der Geruch von Sandelholz, Weihrauch und Moschus, das viel zu stark aufgetragene Parfum meines Großvaters, hing noch immer in der Luft. Und ich stand mit meiner Bibel in der Hand in der Mitte des Wohnzimmers und schaute meinen Vater an. Was wird er nun tun? Die Lage war ernst, das war mir klar. Er konnte sich nicht gegen seinen Vater stellen und war gezwungen, zu reagieren, wenn er seine Position in der Familie nicht gefährden wollte.

Doch er schwieg. Und so ging ich wortlos in mein Zimmer. Wenige Minuten später klopfte es an meiner Tür. Mein Cousin war von meinem Vater geschickt worden, um mich zurück ins Wohnzimmer zu holen. Mein Vater war kein Mann der großen Worte. Es musste etwas Gravierendes passieren, dass er den Mund aufmachte und selbst dann sprach er nicht viel. So war es auch in diesem Moment.

Kurz schimpfte er mit mir und sagte dann nur: „Wenn du so bist, dann bist du nicht mehr mein Sohn. Und weil du nicht mehr mein Sohn bist, gehörst du nicht mehr zu uns."

Mit diesen Worten verließ er den Raum. Mein Cousin, der alles mitbekommen hatte, fing an zu weinen. Auch wenn ich meine Gefühle unter Kontrolle hatte – Männer weinen nicht, so hatte ich es gelernt – verletzten die Worte meines Vaters mich sehr. Er war zwar nicht mein Freund, mit dem ich über alles reden konnte, dafür hatte ich zu viel Respekt vor ihm. Aber wir hatten eine gute Beziehung zueinander. Obwohl er es nie aussprach, wusste ich, dass er mich liebte. Er war sehr stolz auf mich – und ich war sehr stolz auf ihn.

Im Wissen, meine Familie verlassen zu müssen, ging ich in mein Zimmer. Dieser Nachmittag im Februar 1991 war der schlimmste Tag meines bisherigen Lebens.

Wie benommen packte ich meine Sachen. Als ich am nächsten Morgen mit meiner Tasche in den Flur trat, kam mir meine Mutter mit verweinten Augen entgegen. „Warum tust du uns das an?", fragte sie unter Schluchzen. Auch meine Schwestern kamen dazu. Was ihnen mein Vater über mich erzählt hatte, konnte ich nur erahnen, aber alle wussten, dass ich gehen musste.

Bevor ich das Haus verließ, legte mein Onkel, der Imam, mir einen vorbereiteten Vertrag auf den Tisch. Der besagte, dass ich fortan nicht mehr der Sohn meines Vaters war, deshalb kein Recht auf ein Erbe hatte und den Namen der Familie nicht mehr tragen durfte. Er reichte mir einen Stift. Sicher erwarteten alle, dass ich spätestens jetzt mein Handeln bereuen und davor zurückschrecken würde, zu unterschreiben. Doch ich nahm ohne zu zögern den Stift und setzte meinen Namen unter den Vertrag. Zum ersten Mal in meinem Leben sah ich Tränen in den Augen meines Vaters.

Noch immer bin ich überzeugt davon, dass ich an jenem Morgen um vier Uhr, nach dem Gespräch mit Ibrahim, die beste Entscheidung meines Lebens getroffen habe. Heute würde ich meiner Familie mit anderen Worten erklären, was mit mir geschehen war, ihnen nicht sagen, dass ich Christ geworden bin, weil sie damit etwas völlig Falsches verbinden. Ich konfrontierte sie mit etwas, das sie nicht verstehen oder nachvollziehen konnten. Das war, im Rückblick betrachtet, unklug, weil sie mit „Christ" etwas Negatives verbinden. Um sie nicht zu verwirren hätte ich ihnen besser mitgeteilt, dass ich nun Jesus, dem Sohn der Maria, nachfolge. Das hätten sie vielleicht verstanden, weil Maria und Jesus auch im Koran eine Rolle spielen. Außerdem hätte ich versuchen sollen, ihnen zu vermitteln, dass ich auch weiterhin meine Eltern und die Gesellschaft, in der ich lebe, respektieren und ehren würde. So wie ich mich verhalten hatte, mussten sie denken, dass mir die Familie egal war und ich anders sein wollte als sie.

Dies versuche ich heute auch anderen Konvertiten zu vermitteln: Früher oder später kommt der Zeitpunkt, wo man seinen Glauben an Christus nicht mehr verleugnen kann; allerdings sollte man diesen Prozess nicht unnötig beschleunigen. Und: Es gibt viele Wege zu kommunizieren, was man glaubt. Zur damaligen Zeit hatte ich diese Perspektive nicht, was mich heute umso trauriger macht.

KAPITEL 9

Plötzlich alleine

Da stand ich nun mit meiner Tasche auf der Straße und wusste nicht, wohin ich gehen sollte. In meinem Viertel konnte ich nicht mehr leben, da der Clan die Entscheidung meines Vaters mittrug und mich niemand aufgenommen hätte.

Das Zerwürfnis mit meiner Familie war zugleich ein Bruch mit allem, was mich bisher ausgemacht hatte. Neben meinem muslimischen Glauben verlor ich auch meinen Status als Nachfolger meines Vaters und die Zugehörigkeit zu meiner Familie, die überall bekannt und respektiert war.

Mir war elend zumute und ich fühlte mich schuldig, weil ich mit meiner Entscheidung – aus Sicht meiner Eltern – die Ehre der Familie in den Dreck gezogen hatte. Außerdem war ich total orientierungslos: Bisher wurde alles für mich geregelt und jede Entscheidung getroffen. Mir wurde von klein auf beigebracht: Du kannst nicht alleine überleben, du brauchst den Clan und die *umma*. Nun musste ich von einem Tag auf den anderen ohne diese beiden wichtigen Stützen, völlig auf mich allein gestellt leben. Christ zu werden, war die erste eigenständig getroffene Entscheidung meines Lebens – und auch die folgenschwerste.

Nun musste ich mein Leben also neu sortieren. Die ersten drei Nächte verbrachte ich bei einem palästinensischen Bekannten im Studentenwohnheim. Da ich nicht wollte, dass er mich fragt, warum ich hier bin, vermied ich das Gespräch mit ihm. An der Uni traf ich unsere Clique wieder. Mein Cousin Mustafa kam sofort auf mich zu. „Warum hast du das getan?“, fuhr er mich an. Er kam mir immer näher, seine Augen flackerten vor Zorn. „Weißt du nicht, was das für deinen Vater bedeutet? Ist deine Familie dir gar nichts mehr wert?“ Ich antwortete nicht, sondern ging ihm so schnell wie möglich aus dem Weg. So wütend wie er war, traute ich ihm alles zu.

Da ich nicht recht wusste, wohin, suchte ich die nächste Kirche auf. Es kostete mich große Überwindung, weil ich wusste, dass die Südsudanesen sich dort trafen – meine damaligen Feinde. Aber wohin sonst?

Das ist nun meine neue Heimat, meine christliche *umma*, dachte ich mir. Doch bereits an der Kirchentür wurde ich kritisch beäugt. Ein junger Mann kam mir entgegen. Es war Gabriel, den ich vom Sehen aus der Universität kannte. „Was willst du hier?“, fragte er mich. „Ich bin Christ geworden“, antwortete ich ihm. „Das kann nicht sein! Ich kenne niemanden aus dem Nordsudan, der Christ wird, und erst recht nicht du“, schmetterte er mir entgegen. Eine Welle der Enttäuschung stieg in mir hoch. Ich hatte meine Familie wegen meines Glaubens verlassen und diese Mitchristen, von denen ich mir Hilfe erhofft hatte, nahmen mich auch nicht auf. Diese unerwartete Ablehnung traf mich hart und stellte meinen neu gewonnen christlichen Glauben auf die Probe. Es blieb mir nichts anderes übrig, als zu hoffen und zu beten, dass meine Situation sich bald verbessern möge.

Einige Tage später kam in der Universität ein Bekannter auf mich zu, der mich entgeistert anstarrte. „Du lebst noch?“, fragte er mich verblüfft. Durch ihn erfuhr ich, dass mich meine Familie vor wenigen Tagen beerdigt hatte. Mehrere hundert Männer aus unserer Verwandtschaft hätten schweigend meinen Sarg durch die Straßen unseres Viertels zu unserem Familienfriedhof getragen und mich dort beigesetzt. Vor meinem inneren Auge sah ich meinen Grabstein, auf dem alle meine Namen standen und stellte mir vor, wie meine Mutter und meine Schwestern zu Hause mit anderen Frauen der Verwandtschaft im Wohnzimmer saßen und um mich trauerten.

Bis heute weiß ich nicht, was meine Familie dazu veranlasste, mich zu Grabe zu tragen. Wollte sie den Menschen, die mich kannten, nicht erklären müssen, was mit mir geschehen war? Versuchten sie, auf diese Art und Weise ihre Ehre wiederherzustellen und meinem Großvater zu zeigen, dass sie hinter ihm standen? Ich glaube, es war meinen Eltern sehr wichtig, sich öffentlich zu meiner Konversion zu positionieren. Mit meiner Beerdigung proklamierten sie: Unsere Ehre ist uns wichtiger als die Liebe zu unserem Sohn. Egal, was passiert, unser Sohn ist ab sofort tot, wir wollen nichts mehr mit ihm zu tun haben. Gleichzeitig war es in ihren Augen eine moderate Lösung, denn durch die symbolische Beerdigung waren sie nicht gezwungen, mich tatsächlich umzubringen, um die Ehre der Familie zu retten.

Ein paar Wochen später erfuhr ich, dass mein Vater einen Großcousin, dessen Eltern einige Monate zuvor bei einem Verkehrsunfall ums Leben gekommen waren, offiziell adoptiert hatte. Eine Adoption ist in unserer Gesellschaft unüblich, denn der Islam verbietet es.[44] Aber nachdem ich für meinen Vater gestorben war, brauchte er einen neuen Nachkommen, auch wenn er damit nicht seinem Vorbild, dem islamischen Propheten, folgte. In diesem Fall war ihm die Ehre wichtiger als die Religion. Außerdem adoptierte er ja keine wildfremde Person, sondern jemanden aus der Familie, der ihm sogar etwas ähnlich sah, was ihm vielleicht half, diesen Schritt zu gehen. Spätestens nach dieser Adoption gab es für mich keinen Weg mehr zurück. Meine Eltern hatten mich unwiderruflich durch meinen Großcousin ersetzt.

In meiner Not machte ich mich auf den Weg ins Kober-Gefängnis, wo ich meinen Onkel Khaled zum ersten Mal besuchte. Er war inzwischen seit über zwei Jahren inhaftiert. Wir freuten uns beide sehr, uns endlich wiederzusehen und redeten stundenlang. Onkel Khaled erzählte mir noch mal genau, warum er Christ geworden war und ich erzählte ihm, dass die Heilung seines Sohnes mich dazu gebracht hatte, an Jesus zu glauben und ihm nachzufolgen. Wir sprachen auch über seine Erfahrungen im Gefängnis: Direkt nachdem er dort ankam, wurde er von einem Richter aufgefordert, die *shahada* zu sprechen. Als er sich weigerte, stand das Urteil fest: Er wurde in die Todeszelle gesteckt, in der er mehrere Wochen verbrachte. Mehrmals legten die Wärter ihm eine Schlinge um den Hals, führten ihn aus der Zelle zu einem Galgen und sagten: „Heute vollziehen wir die Todesstrafe." Als dieser psychische Terror nichts an seiner Überzeugung änderte, wurde er von den Menschen gefoltert, die früher seine Untergebenen gewesen waren, als er noch im Geheimdienst gearbeitet hatte. Sie wollten, dass er sich wieder zum Islam bekehrte. Aber er blieb standhaft. Nach ein paar Monaten erfolglosen Psychoterrors lockerten sie die Haftbedingungen. Er durfte Besuch empfangen und mit anderen Gefangenen Zeit im Hof verbringen. Eine Freilassung war aber nicht in Sicht.

Bei meinem Besuch im Gefängnis traf ich Gustav, einen christlichen Entwicklungshelfer aus Schweden, der ebenfalls dort war, um meinen Onkel zu besuchen. Nach unserem Treffen nahm er mich in seinem Auto mit zurück in die Stadt. Als er erfuhr, dass ich keine Bleibe mehr hatte, bot er mir an, mit ihm nach Hause zu kommen. Dankbar nahm ich seine Einladung an. Ich freute mich, zu Gast bei einer christlichen Familie zu sein. Würde ich Gustavs Frau zu sehen bekommen? Würde sie vielleicht sogar mit uns essen? Ich war gespannt darauf, das Leben von Gustavs Familie kennenzulernen.

Doch meine Vorstellungskraft hatte nicht ausgereicht, um vorauszusehen, was mich erwartete: Kaum standen wir in der Haustür, reichte Gustavs Frau mir zur Begrüßung die Hand. Ich hatte seit meinem 13. Lebensjahr keiner Frau mehr die Hand geschüttelt. Den ersten Schock überwand ich schnell und freute mich sehr über das Abendessen in herzlicher Gemeinschaft. Als wir mit dem Essen fertig waren, ging Gustav wie selbstverständlich in die Küche und begann den Abwasch zu machen. Seine Ehefrau ist wirklich stark, wenn sie es schafft, ihren Mann dazu zu zwingen, das Geschirr zu spülen, dachte ich. Doch mit Stärke und Zwang hatte es nichts zu tun. Und so stand ich ein paar Tage später selbst nach dem Abendessen in der Küche und trocknete ab. Auch wenn es sich zu Beginn etwas seltsam anfühlte, merkte ich schnell, dass ein Mann sich keinen Zacken aus der Krone bricht, wenn er im Haushalt mithilft.

Aus der kurzfristigen Übernachtungs- wurde eine neue Wohnmöglichkeit. Als in Gustavs Haus ein Zimmer frei wurde, durfte ich es beziehen. Da ich wusste, dass er meiner Familie meinen neuen Aufenthaltsort nicht verraten würde, freute ich mich sehr über mein neues Zuhause.

Am Freitag gingen wir gemeinsam in die Kirche, in der Gabriel mir eine Woche zuvor noch den Zugang verwehrt hatte. Als ich zusammen mit Gustav dort eintraf, war allen Gemeindemitgliedern klar, dass ich es wirklich ernst meinte und so wurde ich herzlich aufgenommen. Dass ein Nordsudanese zum Christentum konvertieren wollte, war eine absolute Seltenheit. Kein Wunder also, dass sie zunächst skeptisch waren. Doch die Südsudanesen, meine einstigen Feinde, wurden schnell zu Freunden und Wegbegleitern. Sie wurden zu meiner neuen *umma*, so wie ich es mir gewünscht hatte.

Ab dem Zeitpunkt, als ich mich dazu entschloss, Christ zu werden, wurde meine Welt auf den Kopf gestellt. Vieles, was ich früher für normal hielt, war plötzlich unnormal. Früher dachte ich, die südsudanesischen Christen seien alle dumm und primitiv, und nun halfen gerade sie mir, die Bibel zu lesen und zu verstehen. Ich entdeckte bei ihnen so viel Liebe und Klugheit. Beides hatte ich früher gar nicht wahrgenommen. Wie auch? Ich hatte mir nie die Mühe gemacht, mit Christen ins Gespräch zu kommen.

Besonders gut verstand ich mich mit Sabet, einem Dinka, der mich sehr an meinen ehemaligen Mitschüler Zakaria erinnerte. Er hatte dieselbe tiefschwarze Haut und schlaksige Figur. Früher war ich stolz auf den Angriff auf Zakaria. Seitdem ich selbst Christ geworden war, empfand ich nur noch Scham. Damit meine Schuldgefühle nicht überhandnahmen, versuchte ich die Gedanken an die Nacht im Wald zu verdrängen. Niemand sollte erfahren, dass ich ein Mörder war und ich selbst wollte mich so wenig wie möglich mit diesem dunklen Kapitel meiner Vergangenheit beschäftigen.

Immer wieder nervte ich meinen neuen Freund mit der Frage: „Ich bin jetzt Christ, was soll ich machen?" Sabets unbefriedigende Antwort lautete immer: „Gar nichts. Suche die Nähe zu Jesus, er will, dass wir bei ihm sind[45]. Dann wird er dich verändern, und deiner Umwelt wird das nicht verborgen bleiben." Diese Passivität konnte ich kaum aushalten. Ich war es gewohnt, mir die Gunst Gottes zu verdienen. Und nun sollte ich einfach ein Nachfolger Jesu sein und durfte glauben, dass ich seine Gunst schon hatte. Als Zeichen meines neuen Glaubens ließ ich mich von unserem Pastor im Nil taufen und bekannte mich damit nun endlich auch offiziell zum Christentum.

In den ersten Wochen nach meiner Konversion ging ich noch wie gewohnt zur Universität. Zwar war es ein seltsames Gefühl, weiterhin Islamisches Recht zu studieren, aber ich wollte mir etwas Zeit lassen, um meine nächsten Schritte überlegt zu planen. Diese Zeit sollte ich aber nicht bekommen: Eines Tages bat mich der Dekan der Fakultät in sein Büro. Er hatte von meiner Konversion erfahren. Dieser Skandal, dass schon der zweite Mann aus dem Turabi-Clan Christ geworden war, hatte sich herumgesprochen. „Du weißt, was mit Leuten passiert, die in der Opposition sind? Du weißt, was mit Feinden Gottes geschieht?", fragte er mich lauernd. Nach diesen Worten, die einer Morddrohung glichen, konnte ich nicht mehr an der Fakultät erscheinen.

Doch wie so oft in meinem Leben, bot sich auch damals durch diesen Rückschlag eine wunderbare neue Möglichkeit für mich. Gustav bot mir an, ihn bei seinen Hilfsprojekten für Solarenergie zu unterstützen, die er in Khartum aufbaute. Er baute Solarkocher und Kochkisten, die wie Herde verwendet werden konnten. Die Solarkocher funktionierten mit Hohlspiegeln, die Sonnenstrahlen auf einen mattschwarz lackierten Behälter im Brennpunktbereich konzentrierten. Sie konnten zum Kochen und Garen von Lebensmitteln, aber auch zum Entkeimen von Wasser und Desinfizieren von Operationsbesteck genutzt werden.

Begeistert von dieser Idee, begann ich ein Studium der Solarenergie an der Khartumer Universität und half Gustav parallel dazu bei der Organisation von Solarprojekten, die von kirchlichen Organisationen in Deutschland gefördert wurden. Später leitete ich dann das Projekt selbst. Jedes Jahr kamen die deutschen Spendengeber nach Khartum, um die Solarprojekte zu besichtigen.

Einen weiteren Glücksmoment erlebte ich, als ich davon erfuhr, dass mein Onkel Khaled völlig überraschend aus dem Gefängnis entlassen worden war. Seit seiner Verhaftung waren mehr als fünf Jahre vergangen. Doch nun stand die Regierung von Omar al-Baschir unter großem internationalem Druck und wollte wahrscheinlich nicht wegen der Erhängung eines christlichen Konvertiten in die Schlagzeilen geraten. Es gleicht einem Wunder, dass mein Onkel dann ein Ausreisevisum von der sudanesischen Regierung erhielt und nach Europa emigrieren konnte. Heute lebt er mit seiner neuen Familie hier und betreut als Pastor eine christliche Gemeinde. Die meisten seiner Gemeindeglieder kennen seine Geschichte nicht und wissen nicht, dass er Konvertit ist.

Foto: © Michael Freeman

So kann man sich die Khalwa vorstellen, in der Yassir zwei Jahre verbrachte. Dieses Bild zeigt eine Koranschule in Wad Abu Salih, nordöstlich von Khartum. Auf der Tafel stehen Koranverse der Sure 19 Maryam (Maria).

Der 18-jährige Yassir auf seinem Kamel, das er zum Abschluss der Koranschule geschenkt bekommen hatte.

Foto privat

Foto: privat

Beim militärischen Training in der Schule.

Foto: privat

Die deutschen Spendengeber begutachten das Hilfsprojekt, das Yassir leitete. Wenige Stunden später wurde er vom Geheimdienst festgenommen und verbrachte 7 Wochen im Geisterhaus.

Foto: privat

Kirche in Kauda in den Nubabergen in der Nähe von Umm Dorein (Südsudan).

Andauernde Hungersnöte im Südsudan: Hier hilft Yassir den Menschen in Tonj (1998) mit

Foto: privat

Yassir und Maren im Januar 2015.

Yassir in Kenia. Stolz holt er Maren mit dem Fiat 500 vom Flughafen ab.

Ali aus Darfur mit Yassirs Sohn .

„Ein Mann des Friedens“ – der Bäcker von Qaraqosh.

Foto: privat

Hier trainierten die IS-Kämpfer das Töten: Innenhof der Kathedrale der unbefleckten Empfängnis von Qaraqosh.

Foto: privat

Die zerstörte Auferstehungskirche in Qaraqosh, außerhalb der Stadt.

Eine Säule in der Kathedrale in Qaraqosh, die IS-Kämpfer mit ihrer Signatur „Islamischer Staat“ beschrieben haben.

Der völlig verwüstete Innenraum der St. Georg-Kirche.

Der IS sprühte die ersten Wörter des islamischen Glaubensbekenntnisses als Warnung auf Haustüren von Christen in Qaraqosh.

Foto: Dr. Yassir Eric

Foto: privat

Gebetszeit und Versöhnung: Der erste Besuch an der Klagemauer im Jahr 2014

Foto: privat

Brückenbauer bei Vorträgen und Gottesdiensten: Yassir hier bei einem Ökumenischen Gottesdienst des internationalen Konvents christlicher Gemeinden in Baden

Foto: Sameh Eskaner

Seit März 2023 ist Yassir ordinierter anglikanischer Priester. Er ist froh, dass „Communio Messianica" unter dem Dach der globalen anglikanischen Kirche arbeiten kann. So erhält sie eine kirchliche Legitimation, bleibt aber dennoch selbstständig.

Foto: Conny Wenck

KAPITEL 10

Sieben Wochen im Geisterhaus

Die regelmäßigen Besuche der deutschen Spendengeber für unsere Solarprojekte, erregten ungewollte Aufmerksamkeit beim sudanesischen Geheimdienst. Eines Tages stürmten die Beamten unser Büro und nahmen mich fest. Das Einzige, was ich auf die Schnelle greifen konnte, waren meine Bibel und ein Handtuch, das ein Gastgeschenk der kirchlichen Gruppe aus Deutschland gewesen war. Auf Englisch war „Der Herr ist mein Licht“[46] aufgedruckt – Worte, die mir später noch sehr wichtig werden sollten.

Die Polizisten nahmen mich mit aufs Revier, wo die Tortur begann: Sie ließen mich stundenlang auf dem Innenhof in der prallen Sonne stehen – mit dem Gesicht zur Hofmauer. Immer wieder stießen die Beamten mir ihre Waffen in den Rücken und beschimpften mich aufs Übelste. Sie verlangten Informationen darüber, mit welchen ausländischen Geheimdiensten ich zusammenarbeitete, welche südsudanesischen Christen und Ausländer ich kannte, und welche politischen Ziele ich verfolgte. Die Polizisten waren überzeugt, dass die christliche Kirche auch der Sitz westlicher Geheimdienste war. Wenn Ausländer in der Gemeinde predigen, nutzen sie dies, um gegen die nordsudanesische Regierung zu agitieren, so die vorherrschende Meinung. Sie glaubten, dass der Westen gemeinsam mit den Rebellen im Südsudan das Ziel verfolge, den Nordsudan zu zerstören.

„Ich arbeite nicht für einen Geheimdienst und kenne auch niemanden, der für einen Geheimdienst arbeitet“, beteuerte ich. Doch das genügte ihnen nicht. „Wir können dich jetzt einfach umbringen. Für deine Familie bist du sowieso schon tot, niemand wird dich vermissen“, drohten sie mir. „Kehre zum Islam zurück und wir lassen dich frei“, lautete ihr Angebot.

Ich schwieg. Ich war nicht bereit, meinen christlichen Glauben aufzugeben. Außerdem wollte ich ihnen keine Namen von fiktiven Spionen nennen, nur um auf freien Fuß zu kommen. Also brachten sie mich ins Geisterhaus.

Schon früher hatte ich über das Geisterhaus nur furchtbare Geschichten gehört. Es befand sich in derselben Straße wie das Kober-Gefängnis und war für seine grausamen Folterpraktiken berüchtigt. Kein ordentlich verurteilter Gefangener kam dorthin, sondern nur Regimegegner, aus denen man Informationen herauspressen und sie zu körperlichen und seelischen Wracks machen wollte.

Schon draußen vor dem Tor hörte ich gellende Schmerzensschreie. Innen dann ein Bild des Grauens: Beamte droschen mit dicken Wasserschläuchen auf Gefangene ein, nackte Menschen waren an die Gitterstäbe ihrer Zelle gefesselt. Andere waren am ganzen Körper verkabelt und erhielten in regelmäßigen Abständen Elektroschocks.

Viele Gefangene waren Südsudanesen, manche kamen auch aus dem Norden des Landes. Wahrscheinlich waren sie Mitglieder der kommunistischen Partei oder Regierungsgegner. Im Geisterhaus wurde ich ein zweites Mal verhört. Kein Essen, kein Trinken, dafür wieder und wieder dieselben Fragen und Beleidigungen, die darauf abzielten, mich zu zermürben. Ich tröstete mich mit dem Gedanken, dass sie mich sicherlich freilassen würden, wenn sie merkten, dass ich tatsächlich keine Informationen für sie hatte.

Doch ich sollte mich irren. Nach stundenlanger Befragung brachten sie mich ins Kellergeschoss. Auch dort waren die Schreie zu hören, hinzu kam ein entsetzlicher Gestank, von dem mir speiübel wurde. Die Beamten führten mich einen langen Flur entlang. Als sich meine Augen an die Dunkelheit gewöhnt hatten, blickte ich durch die Gitter in die Zellen rechts und links von mir. Schnell erkannte ich, woher der unerträgliche Gestank kam: In manchen Räumen lagen verwesende Leichen. Mich sperrten sie in eine Zelle mit zwei Südsudanesen, die nur noch lethargisch ins Leere starrten. Sie waren nicht ansprechbar. Sie waren innerlich so zerbrochen, dass es ihnen die Sprache geraubt hatte.

Einige Tage später wurde ich in eine Einzelzelle gesperrt. Warum, wusste ich nicht. Ein kleiner Raum, dessen Boden und Wände aus Beton bestanden. Ein Bett gab es nicht, auf dem harten Boden konnte ich immer nur eine kurze Zeit schlafen, bevor ich vor Schmerzen aufwachte. In die Zelle drang kein Tageslicht. Sie war so dunkel, dass ich nicht mal in meiner Bibel lesen konnte. Ich verlor jegliches Gefühl für die Zeit und wusste nicht, ob es Tag oder Nacht war. Umso dankbarer war ich, dass ich bei der Verhaftung neben meiner Bibel auch das Handtuch hatte mitnehmen können. Ich nutzte es als Kopfkissen, Decke oder Sitzkissen. „Der Herr ist mein Licht" – diese Worte bekamen für mich hier im Finsteren eine völlig neue Bedeutung. Es wurden Hoffnungsworte.

Nur einmal am Tag durfte ich die Zelle für einen Toilettengang verlassen. Essen gab es nur, wenn die Gefängniswärter gnädig waren. Oft öffneten sie die Luke meiner Zellentür und stellten das Essen in unerreichbarer Entfernung auf den Gang. Manchmal dauerte es Stunden oder sogar Tage, bis sie es mir durch die Luke in die Zelle schoben. Wie gut selbst teilweise vergammeltes Essen schmeckt, wenn man so lange hungrig darauf warten musste!

Ich versuchte, in meiner inneren und äußeren Dunkelheit das Licht Gottes zu sehen. Trotzdem gab es immer wieder Momente, in denen ich so sehr verzweifelte, dass ich befürchtete, entweder völlig durchzudrehen oder auch zu verstummen, wie die Südsudanesen, mit denen ich zuvor die Zelle geteilt hatte. Ich schrie zu Gott oder murmelte Bibelverse, die ich auswendig gelernt hatte, vor mich hin. Wenn ich zu depressiv für beides war, klammerte ich mich an das Handtuch wie ein Ertrinkender an ein Rettungsseil. Warum tue ich mir das alles an und womit habe ich das verdient?, fragte ich mich in diesen Momenten. Lohnte es sich wirklich, dies alles nur wegen meines Glaubens an Jesus auf mich zu nehmen? Für mich fühlte es sich wie ein Wunder an, dass ich in diesen Momenten die Gegenwart Gottes ganz intensiv spürte. Ja, ich hatte sogar den Eindruck, dass Jesus selbst zu mir in dieses Kellerloch kam, um mich zu trösten und zu umarmen. Nur so konnte ich weiter durchhalten, weil ich wusste: Nicht die anderen oder die Situation definierten mich, sondern ich folgte dem nach, der von sich sagt, dass er das Licht der Welt ist.

Eines Morgens, an dem ich dem Wahnsinn wieder einmal näher war als dem gesunden Menschenverstand, schloss ein Wächter meine Zelle auf und führte mich schweigend bis zum Ausgang des Gefängnisses. Ohne ein erklärendes Wort nahm er mir die Handschellen ab und entließ mich. Nach unendlich langen sieben Wochen konnte ich wieder als freier Mann ins Tageslicht treten. Doch nach 49 Tagen in absoluter Dunkelheit konnten meine Augen sich kaum an die Helligkeit gewöhnen.

Mit vor Schmerzen tränenden Augen, verdreckt und völlig kraftlos, schleppte ich mich zum Haus meines Freundes Sabet, der in der Nähe des Gefängnisses wohnte. Er schrie entsetzt auf, als er die Tür öffnete und ich vor ihm stand. Unter Tränen nahm er mich in seine Arme, obwohl ich bestialisch stank. Was für ein herrliches Gefühl es war, endlich wieder in den Genuss einer Dusche zu kommen, mich rasieren zu können, sauberes Wasser trinken und unverdorbenes, frisches Essen zu mir nehmen zu können!

Bis heute beeinflussen diese sieben Wochen im Geisterhaus mein Leben. Immer wieder habe ich die Schmerzensschreie der Gefangenen im Ohr und den Gestank des Todes in der Nase, der mich wohl bis an mein Lebensende begleiten wird. Es ist erschütternd, wie grausam Menschen sein können. Seit dieser Zeit fühle ich mich mit allen verfolgten Menschen stärker verbunden als zuvor. Ich kann nachvollziehen, was sie wegen ihres Glaubens oder Nichtglaubens, ihrer Freiheitsliebe, ihrer politischen Ansicht oder Volkszugehörigkeit erleiden müssen. Ich bin auf eine neue Art und Weise dankbar für jeden Moment, den ich in Freiheit leben und einfachste Dinge genießen kann: Licht, Luft, Liebe, Wasser und Brot, Bett und Wärme.

Neue Wege

Auch nach dieser Tortur ließ mich die Geheimpolizei nicht in Ruhe. Immer wieder wurde ich festgenommen, entweder nach dem freitäglichen Gottesdienst, einfach auf der Straße oder bei der Arbeit. Sie brachten mich in eines der Geheimdienstgebäude in der Umgebung und verhörten mich. Offensichtlich war es ihnen suspekt, dass ich als Nordsudanese und Konvertit regelmäßig in der südsudanesischen Gemeinde predigte. Sie witterten eine politische Verschwörung.

Die Vernehmungen liefen immer gleich ab: „Hast du Verbindungen zu Rebellengruppen im Südsudan?", wurde ich jedes Mal gefragt. Als ich das verneinte, wollten sie wissen, was ich in der Kirche gepredigt hatte. Ich öffnete meine Bibel und gab ihnen meine Predigt wider.

„Du bist ein *kafir*, ein Ungläubiger!", sagten sie. „Wenn ich ungläubig bin, warum richtet ihr mich dann und überlasst das nicht Gott?", entgegnete ich. Jedes Mal endete das Gespräch auf diese Weise. Dann wurde ich in eine Zelle gesperrt, in der ich das Wochenende oder noch ein paar Tage länger verbringen musste.

Nur, weil ich an Jesus glaubte, wurde ich fast wöchentlich eingesperrt. Doch ich sah es auch nicht ein, meine Predigten einzustellen. Damit hätte ich das, was mir in meinem Leben am wertvollsten geworden war, verleugnet. Als ich wieder einmal vor sieben hochrangigen Geheimdienstoffizieren saß, schoss mir der Gedanke durch den Kopf, dass ich in diesem Moment die große Chance hatte, vielen bedeutenden Menschen etwas von meinem Glauben zu erzählen. Also erzählte ich ihnen von meinen Überzeugungen. Wir kamen ins Gespräch und einer von ihnen bemerkte sogar: „Du bist gar kein so schlechter Mensch, wie ich dachte."

Seitdem ich diese neue Sichtweise gewonnen hatte, fiel es mir leichter, mit den zahlreichen Festnahmen umzugehen. Letztlich war ich ja kein Krimineller, sondern nur anderer Überzeugung. Ich versuchte, das Beste aus der Situation zu machen. Doch dann verschärfte sich die Lage zunehmend und der Geheimdienst begann, nicht nur mich festzunehmen, sondern auch die Menschen, mit denen ich in Kontakt stand. Ich konnte für mich selbst entscheiden, was ich mir zumuten wollte und welches Risiko ich in Kauf nahm. Aber es war unverantwortlich, durch mein Verhalten andere in Gefahr zu bringen. So entschloss ich mich, vier Jahre nach meiner Konversion, schweren Herzens das Land zu verlassen.

Ich nahm das Angebot eines Stipendiums an einer Universität in Nairobi an und ging nach Kenia, wo ich neben dem Theologiestudium gleichzeitig auch eine Ausbildung zum Industriemechaniker machen konnte. Mein Ziel war es, eines Tages in den Nordsudan zurückzukehren und dort eine Lebensgemeinschaft für Konvertiten zu gründen, in der man zusammen leben, arbeiten und christliche Gemeinschaft erleben könnte. Meine Erwartungen an das christliche Nachbarland waren hoch. Ich freute mich, demnächst in Kenia zu wohnen, wo Nächstenliebe gelebt und die zehn Gebote befolgt wurden.

KAPITEL 11

So fremd können Nachbarn sein

Wie angewurzelt stand ich am zentralen Busbahnhof in Nairobi. Verwirrt und ernüchtert nahm ich wahr, was sich hier gerade abspielte: Vor mir hielt ein Bus. Die Türen öffneten sich, doch diejenigen, die aussteigen wollten, mussten sich sprichwörtlich nach draußen kämpfen. Sie schoben sich durch die Masse derer, die auf den Bus gewartet hatten und nun rücksichtslos hineindrängten. Ein Mann schob mit beiden Händen eine ältere Frau weg, um noch einen Platz im Bus zu ergattern. Ein Kind schrie, weil es seine Mutter in der Menge nicht mehr finden konnte. Doch niemanden außer mir schien dieses Chaos zu stören.

Der Kulturschock traf mich unvorbereitet und mit voller Härte. Sah so ein christliches Land aus, fragte ich mich? Im Sudan gingen die Menschen völlig anders miteinander um. Die Frauen stiegen vorne ein, die Männer hinten und kein Mann würde es je wagen, eine ältere Frau wegzudrängen, nur um in den Bus zu gelangen.

Es fiel mir lange schwer, in Kenia Fuß zu fassen. Die Gastfreundschaft, die ich aus meiner Heimat kannte, erlebte ich hier anfangs kaum. Mehrere Wochen lebte ich in der kenianischen Hauptstadt ohne einen einzigen freundlichen Kontakt.

Sonntags ging ich zum Gottesdienst in die Nairobi Chapel, die sich in der Nähe der Universität befand. Selbst dort kam ich mit den Besuchern nicht so recht ins Gespräch, bis nach etlichen Wochen eine Frau nach dem Gottesdienst auf mich zukam. Sie stellte sich als

„Christel“ vor. „Hast du Lust, uns nach Hause zum Mittagessen zu begleiten?“, fragte sie mich. Und ob ich Lust hatte! Wie sehr hatte ich mich nach solch einer Einladung gesehnt! Ich fühlte mich mindestens so glücklich wie jemand, der kurz vor dem Verdursten ein kaltes Getränk gereicht bekommt. Beim Essen erfuhr ich, dass Christel und Walter Eric aus Deutschland kamen. Sie schulten die Gemeinden und berieten sie, um eine gelingende Begegnung mit Muslimen zu ermöglichen. Der ersten Einladung folgten viele weitere. Ich hatte nicht damit gerechnet, dass mein erster Kontakt in Kenia auch gleich ein so wichtiger sein würde. Ich verstand mich gut mit ihnen und ihren drei Kindern, die mich wie einen großen Bruder in ihrer Mitte aufnahmen. Von Anfang an fühlte ich mich wohl in der Familie, genoss die Warmherzigkeit und den starken Zusammenhalt. Schon nach zwei Monaten durfte ich bei ihnen einziehen. Und seitdem gehöre ich zur Familie. Meine gesamte Zeit in Kenia verbachte ich bei ihnen – vier Jahre lang. Ich nenne sie seitdem Mutter und Vater, denn sie behandeln mich genauso wie ihre eigenen Kinder. Die Erics wurden meine Ersatzfamilie und sind es bis heute.

Aufgewachsen in einer Gesellschaft, in der Familie alles bedeutet und der Einzelne in dieser Gemeinschaft aufgeht, fehlte mir der familiäre Halt nach meiner Konversion natürlich besonders. Umso glücklicher war ich, mit den Erics eine Ersatzfamilie gefunden zu haben und wieder zu einer Gemeinschaft zu gehören. Meine neuen Eltern und Geschwister sind für mich ein Geschenk Gottes und ich bin sehr froh, dass meine Kinder mit ihnen wundervolle Großeltern haben.

Im Rückblick bin ich mir sicher, dass die Gastfreundschaft, die ich erst bei Gustav und seiner Frau in Khartum und dann bei Erics in Nairobi erlebte, mir half, seelisch zu überleben. Bei ihnen erlebte ich aus erster Hand, wie Christen ihren Alltag und das Zusammenleben gestalteten. Sowohl Gustav als auch Walter sind noch immer meine Vorbilder. Zu sehen, wie liebevoll sie mit ihren Frauen und Kindern umgingen, prägte und beeindruckte mich mehr als jede Predigt.

Im Land meiner Feinde

Schweißgebadet wachte ich auf und blickte mich hektisch um. Erleichtert atmete ich auf, als ich sah, dass ich in meinem Zimmer in Nairobi lag. Schon wieder hatte ich diesen Albtraum, der mich weitere sechs Jahre lang fast jede Nacht verfolgen sollte. Im Traum sehe ich das südsudanesische Dorf in den Nuba-Bergen, Menschen, die Schlange stehen, um von unserem Hilfsteam Nahrungsmittel zu erhalten. Ich blicke in ihre glücklichen und dankbaren Gesichter, spüre, wie in ihnen wieder die Hoffnung wächst, dass sie doch nicht verhungern, sondern überleben werden. Und dann ein Motorengeräusch in der Luft. Kinder und Jugendliche rennen dem Geräusch entgegen, wahrscheinlich weil sie denken, dass ein Flugzeug eine neue Hilfslieferung bringt oder Essenspakete abwirft. Aber es sind Kampfhubschrauber, die den Lärm verursacht haben. Sie beschießen uns. Schreie, Panik, alle Menschen rennen um ihr Leben. Unser Team auch. Wir schaffen es hinunter in die Höhlen, die im Tal liegen. Aus der Sicherheit unserer Höhle beobachten wir, wie die Kampfhubschrauber unaufhörlich auf Menschen schießen. Dann drehen sie ab. Gespenstische Stille breitet sich aus. Langsam kommen wir zusammen mit den anderen Dorfbewohnern aus den Höhlen heraus. Frauen, Kinder, alle die nicht schnell genug wegrennen konnten, liegen tot auf dem Boden. Die Hälfte des Dorfes lebt nicht mehr. Sie wurden von der nordsudanesischen Regierung hingerichtet, die zu einem großen Teil aus meiner Familie und meinen Bekannten besteht. Und das nur, weil sie mitbekommen hatte, dass ein internationales Hilfsteam versuchte, ihrem Plan die Südsudanesen systematisch auszuhungern, entgegenzuwirken. Wenn das alles doch nur ein Traum gewesen wäre!

Seit April 1989 flog die „Aktion Überlebensbrücke Sudan“ (Operation Lifeline Sudan), eine Kooperation verschiedener Hilfsorganisationen, täglich Hilfslieferungen und Hilfsmannschaften aus dem nördlichen Kenia in den Südsudan. Dort, wo ein Zugang auf dem Landweg nicht möglich war, weil Wege vermint oder die Gefechte zu stark waren, wurden Lebensmittelpakete aus der Luft abgeworfen. Phasenweise richtete das Baschir-Regime im fanatischen Vernichtungskampf gegen das eigene Volk jedoch „No-Flight-Zones“ über den von Rebellen besetzten Gebieten im Südsudan ein. Die Flugzeuge der Katastrophenhilfe mussten also immer damit rechnen, von nordsudanesischen Soldaten abgeschossen zu werden. Damit standen regelmäßig Hunderttausende von Menschen kurz vor dem Hungertod[47].

Durch einen sudanesischen Pastor lernte ich im Jahr 1997 die US-amerikanische christliche Hilfsorganisation „Safe Harbour International“ kennen. Als einer der Verantwortlichen – wir nannten ihn „Bill“ – erfuhr, dass ich Sudanese war und arabisch sprach, fragte er mich, ob ich bereit wäre, trotz des Flugverbots gemeinsam mit ihm in den Südsudan zu fliegen, um den Menschen dort zu helfen.

Obwohl ich helfen wollte, zögerte ich zunächst. „Ich kann und will das nicht“, antwortete ich reflexartig. Zwar hatte ich schon viele tiefe Freundschaften zu Südsudanesen geschlossen, in Nairobi sogar eine Gemeinde für Südsudanesen gegründet, doch den Südsudan zu bereisen, erschien mir als unüberwindbare Hürde. Ich wusste, dass meine Familie für die Tragödie, die sich dort abspielte, mitverantwortlich war. Wie oft hatte ich selbst diesen Menschen in der Vergangenheit den Tod gewünscht! Beinahe wäre auch ich in den Dschihad gegen sie gezogen. Außerdem war mir eines klar: In dem Moment, wo meine Füße südsudanesischen Boden berührten, würde ich mich von dem Gedanken an eine Rückkehr in meine Heimat für immer verabschieden müssen. „Landesverrat" galt dort als schlimmstes Verbrechen – noch schlimmer als Apostasie.

Meine Zurückweisung hielt Bill nicht davon ab, mir im Flüsterton seinen Plan zu unterbreiten. Seine Entschlossenheit überzeugte mich schließlich und so schob ich alle Bedenken beiseite. Also fuhr ich kurz vor Weihnachten mit einer Handvoll Leuten von Nairobi aus in den Westen des Landes, nach Lokichoggio, eine kenianische Kleinstadt an der Grenze zum Südsudan. Dort wartete auf einem kleinen Flughafen ein sehr altes, russisches Militärflugzeug auf uns, das 40 Tonnen Nahrungsmittel geladen hatte, um sie in die Nuba-Berge zu liefern.[48]

Dieser erste Flug in den Südsudan hatte wirklich Erlebnischarakter: Die russischen Piloten, die von der Hilfsorganisation bezahlt wurden, hatten schon mehrere Wodkas intus, was wir aber erst erfuhren, als wir bereits in der Luft waren. „Jetzt habe ich keine Angst mehr, dass die Regierung uns abschießt, sondern dass wir nicht in den Nuba-Bergen, dafür aber direkt in Khartum landen", sagte ich zu Bill, der neben mir saß. Ein Navigationssystem hatte die Maschine nicht. Der Pilot ließ sich von einem der Männer navigieren, der mit einer Landkarte am Fenster saß. Um dem Radar des Militärs zu entgehen, flogen wir sehr tief. Der Blick aus dem Fenster war gigantisch. Unter uns schlängelte sich der weiße Nil eindrucksvoll durch die fruchtbare Landschaft. Durch den schon Jahre andauernden Krieg war diese Gegend aber weder bewohnbar noch konnten die Südsudanesen das Land bewirtschaften.

Gott sei Dank landeten wir tatsächlich an unserem geplanten Zielort. Einen Flughafen gab es dort nicht. Die Menschen wussten aber von unserer Ankunft und hatten Bäume gefällt, um eine Landebahn für unser Flugzeug zu schaffen. Nach einer holprigen Landung empfingen uns die wartenden Menschen voller Wärme und Herzlichkeit. Weil sie von der Außenwelt abgeschnitten lebten, war jeder Besuch für sie ein besonderes Ereignis.

Aus Sicherheitsgründen konnte unser Flugzeug nicht lange am Boden bleiben, und so luden wir die Nahrungsmittel so schnell wie möglich aus dem Frachtraum. Nach Weihnachten würden wir an einem anderen, vereinbarten Ort wieder abgeholt werden, versprach die russische Crew, die es plötzlich sehr eilig hatte, aus der „No-Flight-Zone“ herauszukommen. Eine halbe Stunde später war die Maschine schon wieder in der Luft.

Einer der südsudanesischen Kommandanten begrüßte mich auf ganz besondere Art: „Noch nie bin ich einem aufrecht stehenden Nordsudanesen begegnet“, versicherte er mir. Tote Nordsudanesen kannte er zu Genüge, aber niemals hatte er auch nur ein Wort mit einem Nordsudanesen gewechselt. Obwohl wir im selben Land nur einige hundert Kilometer voneinander entfernt gewohnt hatten, entstand durch den Hass und das Blut des Bürgerkrieges der Eindruck, dass wir auf zwei verschiedenen Planeten lebten. Nun, am selben Ort und mit demselben Ziel vor Augen, vertraute er mir aber.

Da es in den Nuba-Bergen so gut wie keine Infrastruktur gab, trugen wir alle Hilfsgüter auf den Schultern, Rücken und Händen in das kleine Dorf Umm Dorein. Drei Tage feierten wir dort mit rund 300 Menschen aus dem Dorf und der Umgebung Weihnachten. Die ganze Nacht hindurch sangen, tanzten oder hüpften die Bewohner in hohen Sprüngen ums Feuer. Sie waren der Überzeugung, dass das Christuskind nachts geboren wurde und wollten auf keinen Fall den Zeitpunkt der Geburt verpassen.

Mit den älteren Menschen aus Umm Dorein konnte ich mich auf Arabisch verständigen, denn viele von ihnen hatten in Khartum gearbeitet und die dortige Sprache gelernt. Nach Einführung der Schariagesetzgebung hatten sie die Hauptstadt jedoch verlassen müssen. Eine ältere Frau erzählte mir, wie sie in sklavenartigen Verhältnissen in den Häusern der Nordsudanesen geschuftet hatte, und nicht als Mensch, sondern als Ware behandelt wurde, die auch vergewaltigt werden durfte.

Doch auch das Leben in Umm Dorein, das auf den ersten Blick so friedlich und idyllisch wirkte, wurde von tragischen Erlebnissen überschattet. Viele Familien, die dort lebten, waren auseinandergerissen worden, weil Rebellen Kinder aus dem Dorf entführt und zu Kindersoldaten gemacht hatten. Zusätzlich dazu hatten auch arabische Stämme das Dorf überfallen und Frauen und Kinder verschleppt, um sie als Sklaven in den Nordsudan zu verkaufen.

Hier in diesem Dorf sah ich zum ersten Mal die Dimension der Zerstörung, für die zum großen Teil meine Familie mitverantwortlich war. Das schlechte Gewissen quälte mich, weil ich diese unschuldigen Menschen hatte bekämpfen wollen. Für einen kurzen Moment musste ich auch an meinen Mitschüler Zakaria denken, dessen Leben ich zerstört hatte und an die tiefe Schuld, die ich dadurch auf mich geladen hatte. Doch anstatt diese Gedanken aufzuarbeiten, verdrängte ich sie wieder. Niemand durfte jemals von dieser Nacht erfahren!

So viel unfassbares Leid hatten diese Menschen erlebt, die ich da vor mir im flackernden Licht des Feuers tanzen und singen sah. Doch statt Gott Vorwürfe zu machen oder seine Existenz infrage zu stellen sangen sie in der Stammessprache der Dinka und Nuer Lieder der Hoffnung. Pastor Bulus, ein kleiner, freundlicher Mann, der halbblind war und eine viel zu große Sonnenbrille trug, übersetzte sie mir. Sie handelten fast durchweg von der Wiederkunft Jesu, vom Himmel und einem Leben in Ewigkeit bei Gott. „Hier auf der Welt gibt es Elend, aber es kommt eine Zeit, wo wir nicht mehr weinen werden und es uns gut geht", sangen diese Menschen, die trotz ihres Alltags im Krieg so viel Freude ausstrahlten.

Am Weihnachtsmorgen gingen wir in die „Kirche", einen rechteckigen, kastenartigen Raum, der aus ein paar Holzstämmen bestand, die mit Stroh bedeckt waren und uns nur notdürftig vor der aufkommenden Hitze schützten. Pastor Bulus und ich standen vor den Menschen, die sich in den kleinen Raum gedrängt hatten und hielten gemeinsam die Weihnachtspredigt. Wir, zwei ehemalige Feinde, waren verbunden durch den gemeinsamen Glauben an das Kind in der Krippe, das aus Liebe zu den Menschen auf diese Welt gekommen war. Und durch den Glauben an den Mann am Kreuz, der Vergebung und Versöhnung schenkt.

Dieses Weihnachtsfest habe ich bis heute in Erinnerung. Einige weitere Male besuchten wir das Dorf und brachten Hilfslieferungen, die später, als die Hungersnot ausbrach, noch wichtiger wurden. Bis eines traurigen Tages, während wir wieder einmal zu Besuch waren, die Kampfhubschrauber kamen und viele unserer Freunde aus den Nuba-Bergen töteten. Auch Pastor Bulus.

Das Einzige, was mich tröstet, ist die Gewissheit, dass mein Freund und viele andere der Menschen aus Umm Dorein endlich an dem Ort sind, nach dem sie sich solange gesehnt hatten und von dem sie sangen und tanzten.

In den vier Jahren, in denen ich in Kenia lebte, flog ich mit unserem Team zu insgesamt etwa 30 Hilfseinsätzen in den Südsudan. Meine Semesterferien verbrachte ich immer im kenianischen Lokichoggio, an der Grenze zum Südsudan. Dort wohnte ich bei Bärbel und Rainer, österreichischen christlichen Entwicklungshelfern, die ich aus Khartum kannte. Sie arbeiteten in sudanesischen Flüchtlingslagern und unterstützten südsudanesische Gemeinden. Ich half ihnen, wo ich konnte, und übernachtete häufig bei ihnen, bevor ich mit dem Safe-Harbor-Team für einen Einsatz in den Südsudan flog.

So belastend die Erlebnisse im Südsudan auch waren, sie halfen mir, mich zumindest ein klein wenig mit meiner kritischen Geschichte zu versöhnen. Ich war froh, dass ich manchen von den Menschen, die ich früher töten wollte, auf diese Weise helfen konnte zu überleben.

Die Frau, die mir den Kopf verdrehte

Ich stand im Badezimmer meiner Ersatzfamilie in Nairobi und putzte mir die Zähne. Meine Gedanken kreisten um eine Frau, die ich am Tag zuvor kennengelernt hatte. Meine österreichischen Freunde Bärbel und Rainer baten mich, sie und den Leiter ihrer Missionsorganisation vom Flughafen in Nairobi abzuholen und sie nach Lokichoggio zu fahren. Der Leiter wollte sich ein Bild von der Arbeit dort machen und die junge deutsche Frau, eine gelernte Kinderkrankenschwester, kam, um das dortige Team für mehrere Jahre zu unterstützen. Sie sollte unter anderem Mütter in verschiedenen Flüchtlingscamps an der Grenze zum Südsudan besuchen und ihnen Grundkenntnisse in Hygiene, Wochenbett und Kinderernährung vermitteln. Außerdem sollte sie immer wieder wochenweise in den Südsudan fliegen oder fahren, um die Menschen dort im medizinischen Bereich zu unterrichten.

Maren hatte lange dunkelbraune Haare, braune Augen und eine extrovertierte, sympathische Art, die mich von Anfang an faszinierte – auch wenn unsere erste Begegnung nicht ganz ideal verlief. Mit meinem kleinen Fiat 500, den mir das österreichische Ehepaar als Dauerleihgabe vermacht hatte und der mein ganzer Stolz war, fuhr ich zum Flughafen. Ich half den beiden ihr Gepäck vom Flughafengebäude zum Parkplatz zu transportieren und zeigte voller Stolz auf mein Auto, das ich zuvor neben einem großen Jeep abgestellt hatte. Maren lachte ungläubig: „Du machst Witze, wie sollen wir da alle reinpassen? Der Jeep da ist dein Auto, nicht wahr?“ Um ehrlich zu sein, war ich ziemlich brüskiert und antwortete nur: „Wenn du nicht mitfahren möchtest, kannst du gerne ein Taxi zum Gästehaus in Nairobi nehmen.“ Zum Glück sollte diese holprige Begegnung nicht unsere letzte sein.

Einige Monate nach Marens Ankunft bauten Rainer und Bärbel in Lokichoggio ein Containerhaus. In meinen Semesterferien reiste ich zu ihnen, um ihnen beim Bau zu helfen. Immer abends, wenn

Rainer und Bärbel ihren kleinen Sohn ins Bett brachten und sich zurückzogen, saßen Maren und ich vor dem Haus und unterhielten uns stundenlang. Wir erzählten uns von unserem Leben und davon, wie wir uns unsere Zukunft vorstellten. Nachdem wir uns etwas besser kennengelernt hatten, erzählte ich ihr auch von meiner Familie, dem Schmerz der Trennung und meinen Gefängnisaufenthalten, von Dingen, die ich in dieser Ausführlichkeit noch mit niemandem geteilt hatte.

Seit ich Maren am Flughafen getroffen hatte, war ich mir sicher, dass sie meine Traumfrau war und ich sie gerne heiraten wollte. Die selbstbewusste Frau, die sich voller Elan für die Menschen im Südsudan einsetzte, beeindruckte mich zusehends. Ich merkte, dass wir trotz aller kulturellen Differenzen viele ähnliche Ansichten hatten.

Sie dagegen war skeptischer als ich und wollte zunächst keine Beziehung mit mir. Wie sollte so etwas gut gehen? Maren hatte einige Bekannte vor Augen, deren interkulturelle Ehen gescheitert waren, nachdem die Faszination des Fremden nachgelassen hatte und die unterschiedlichen Prägungen dafür umso deutlicher hervortraten. Ihre verstorbene Mutter hatte ihr einmal gesagt, dass sie große Probleme haben würde, sollte sie einen Schwarzen heiraten. Wie ihr Vater zu mir stehen würde, wusste sie nicht. Aber sie war sich auf jeden Fall im Klaren darüber, dass es für viele Menschen aus ihrer Verwandtschaft und ihrem Freundeskreis sehr gewöhnungsbedürftig sein würde, wenn sie mich heiraten würde. Dies verstärkte ihre Zweifel.

„Gut, dann lass uns warten“, schlug ich vor. Es folgten weitere Abende in Lokichoggio und viele Gespräche, bis wir schließlich doch zusammenkamen. Das Glück war allerdings nicht von langer Dauer. Von Anfang an fühlten wir uns in der Gegenwart des anderen wohl und spürten eine Vertrautheit, als ob wir uns schon seit Jahren kannten. Dennoch beendete Maren die Beziehung nach wenigen Monaten.

Sie ist eine sehr rational denkende Frau und wollte sich in dieser weitreichenden Entscheidung der Partnerwahl nicht alleine von ihren Gefühlen leiten lassen. Und für ihren Verstand blieben zu viele Fragen ungeklärt „Wo sollen wir beide unser gemeinsames Leben verbringen?", fragte sie mich. „Und wovon sollen wir leben?" Keiner von uns wollte dauerhaft in Kenia bleiben, aber mein Status als Staatenloser erschwerte mir das Reisen. Und Maren bezweifelte stark, dass ich als stark personenorientierter Mensch, der von Beziehungen lebt, mich in Deutschland wohlfühlen würde. Also beendete sie die Beziehung lieber.

Fortan vermieden wir es, uns zu sehen, wenn ich nun nach Lokichoggio kam, um von dort in den Südsudan zu fliegen oder um Bärbel und Rainer zu besuchen. Der Abstand fiel mir schwer. Erst die Trennung von meiner Familie und nun von Maren. Es schien so, als müsste ich mich daran gewöhnen, dass gerade die Menschen, die mir am meisten bedeuteten, nicht Teil meines Lebens sein wollten. Umso mehr schätzte ich es, weiterhin bei meiner Ersatzfamilie, den Erics, wohnen zu dürfen, die mir eine große seelische Stütze in dieser Zeit waren.

Ein neuer Name muss her

Normalerweise ist es keine große Sache, wenn ein Pass abläuft. Doch mir bereitete dieses Ereignis große Sorgen. Um den Pass verlängern zu lassen, musste ich zur sudanesischen Botschaft in Nairobi gehen. Nach so langer Zeit wieder mit den Behörden des Nordsudan Kontakt aufzunehmen, machte mich nervös. Dunkle Erinnerungen von den vielen Festnahmen und der Zeit im Geisterhaus stiegen in mir hoch. Unsicher betrat ich die Botschaft. Ein Freund hatte mich dorthin gebracht und wir hatten vereinbart, dass er die Polizei alarmieren würde, sollte ich nicht spätestens in einer Stunde wieder bei ihm sein.

Lange musterte der Konsul meinen Pass, dann schaute er mich prüfend an. „Warst du nicht mit mir zusammen an der Universität in Khartum? Warst du nicht auch Mitglied in der Studentenunion?“, fragte er mich abschätzig. Ich nickte. Er hatte mich erkannt und sein Blick verriet mir, dass er von meiner Konversion wusste. Zuvor hatte ich von einem Bekannten erfahren, dass der Regierung mittlerweile auch bekannt war, dass ich regelmäßig in den Südsudan flog. Die Reaktion meines ehemaligen Kommilitonen fiel dementsprechend kühl und ablehnend aus. „Wir können deinen Pass nicht verlängern, du musst dafür nach Khartum fahren“, sagte er mit versteinerter Miene. Enttäuscht schaute ich ihn an. Er und ich wussten, dass es für mich unmöglich war, nach Khartum zu reisen, ohne mein Leben zu riskieren. Dann hatte ich glücklicherweise einen Geistesblitz: „Kannst du mir eine Bescheinigung ausstellen, in der steht, dass ihr den Pass nicht verlängern könnt und ich deshalb nach Khartum fahren muss?“, bat ich ihn. „Dann habe ich etwas in der Hand, wenn die kenianische Polizei mich anhält und meinen abgelaufenen Pass sieht.“ Das leuchtete dem Konsul ein. „Kein Problem“, sagte er, schrieb einen Brief, stempelte ihn ab und gab ihn mir. Erleichtert verließ ich die Botschaft und stieg zu meinem Freund ins Auto.

Dieser Brief war mein Glück. Damit ging ich zum Büro der Vereinten Nationen in Nairobi und erhielt dort einen UN-Pass, mit dem ich für die nächsten zwei Jahre überall hinreisen konnte, außer in mein Heimatland. Ich entschied mich dazu, die Chance eines neuen Passes zu nutzen, um meinen Namen zu ändern. Ich wollte zeigen, zu welcher Familie ich nun gehörte:

Ab sofort nannte ich mich Yassir Eric.

Rosige Aussichten

Eineinhalb Jahre nach der Trennung erhielt ich einen Brief, auf dessen Umschlag ich auf den ersten Blick Marens Handschrift erkannte. Sofort schlug mein Herz höher. Was hatte das wohl zu bedeuten? Verschiedene Ereignisse hätten sie dazu gebracht, wieder Kontakt mit mir aufzunehmen, schrieb sie. Sie wolle ihre Gefühle für mich nicht länger unterdrücken und sei nun offen für eine Beziehung. Was für eine wundervolle Nachricht! Die kommenden Tage schwebte ich wie auf Wolke Sieben. Einige Wochen später trafen wir uns in Lokichoggio wieder und knüpften sofort dort wieder an, wo wir aufgehört hatten. Auf einen Schlag waren alle Gefühle füreinander wieder da. Ja, sie schienen sich durch die Trennungsphase sogar noch verstärkt zu haben, was uns zusätzlich Mut im Hinblick auf eine gemeinsame Zukunft machte. Leider hatte Maren nur noch wenige Wochen in Kenia vor sich. Die Arbeit als alleinstehende Frau in den südsudanesischen Flüchtlingslagern wurde immer schwieriger und gefährlicher. Ich unterstützte sie in ihrer Entscheidung das Land zu verlassen, obwohl das für uns eine erneute Trennung bedeutete – wenn auch diesmal „nur“ geographisch. Also genossen wir die wenigen Wochen, die uns vor ihrer Abreise blieben.

In Deutschland angekommen, wuchsen in Maren erneut Zweifel. Zurück in ihrem alten Leben, war sie sich immer noch nicht ganz sicher, ob ich wirklich ihr Mann fürs Leben war. Sie erzählte einer Freundin von ihrer Unsicherheit und die machte einen Vorschlag: „Überlege dir etwas, das dein Traummann unbedingt für dich machen sollte. Und wenn Yassir das tut, dann ist er der Richtige.“ Maren gefiel diese Idee. Also beschloss sie, ohne mich einzuweihen, dass ich ihr Rosen aus Kenia schicken sollte, wohlwissend, dass dieser Wunsch kaum in Erfüllung gehen konnte.

Doch auch für mich war die Fernbeziehung nicht einfach. Zwar war ich mir meiner Gefühle im Gegensatz zu ihr absolut sicher, doch das machte es nicht erträglicher. Ich vermisste sie sehr. Ständig musste ich an sie denken. Und so kam es, dass ich bei einem Streifzug durch Nairobi kurzerhand am Straßenrand Rosen für Maren kaufte. Was für eine Schnapsidee, dachte ich im Nachhinein. Wie sollten die schönen Blumen unbeschadet nach Deutschland kommen? Also hängte ich den Strauß über mein Bett und ließ ihn trocknen. Wenigstens erinnerte er mich dann immer an sie.

Immer wieder überlegte ich, was ich Maren schicken könnte, um ihr eine Freude zu machen. Und immer wieder hatte ich den Gedanken, ihr den getrockneten Blumenstrauß zu schicken, der da vor meinen Augen von der Decke baumelte. Doch die Idee kam mir komisch vor. Ich wollte sie nicht beleidigen und ihr etwas so Wertloses schicken, das eigentlich in den Müll gehörte und nicht in ein Paket an meine Liebste. Aber weil mich die Idee nicht losließ, brachte ich den Strauß schließlich doch gut verpackt zur Post. Zum Glück!

Erst am Tag unserer Verlobung sollte ich erfahren, was mein Paket mit den Rosen bei ihr bewirkt hatte. Für sie war es das lang gesuchte Zeichen dafür, dass wir zueinander gehörten. Ohne es zu wissen, hatte ich ihr geschickt, was sie sich am meisten von mir gewünscht hatte. Endlich konnte sie aufhören sich zu fragen, ob ich der Richtige wäre und anfangen Visionen für eine gemeinsame Zukunft zu entwickeln. „Ohne Perspektive kann man keine Beziehung und erst recht keine interkulturelle Ehe führen", war sie überzeugt.

Und so träumten wir am Telefon von unserer Zukunft. Natürlich verband der Glaube an Jesus uns, den wir als die Grundlage unseres gemeinsamen Lebens sahen. Darüber hinaus war uns wichtig, dass wir als Paar und später vielleicht auch als Familie nicht nur für uns und unser privates Glück lebten. Wir wollten auch Menschen unterstützen, denen es nicht so gut ging wie uns. Wir waren offen, Pflegekinder oder Adoptivkinder aufzunehmen. Außerdem wollten wir Menschen helfen, die aufgrund ihres Glaubens in Schwierigkeiten gerieten. Diese Aspekte sind uns auch heute noch wichtig.

Wir erlebten noch viele kleine Wunder, die uns ermutigten, trotz aller Herausforderungen an unserer Beziehung festzuhalten.

Beispielsweise schenkte mir einer meiner Freunde zu der Zeit eine große Geldsumme. Er wusste gar nicht, was für eine Freude er mir damit machte. Da ich aus einer Kultur stamme, in der es für den Mann eine Frage der Ehre ist, die Hochzeit und das Kleid der Braut selbst bezahlen zu können, bedeutete das Geschenk meines Freundes einen großen Schritt in Richtung Hochzeit.

Im März 1999, acht Monate nach unserer letzten Begegnung, besuchte Maren mich in Nairobi und wir verlobten uns. Unser Plan, im August 1999 in Deutschland zu heiraten und dort auch ein paar Jahre zu verbringen, damit ich Sprache und Kultur meiner zukünftigen Frau kennenlernen konnte, nahm endlich konkrete Formen an. Außerdem hofften wir, dass ich auf diese Weise die deutsche Staatsbürgerschaft erhalten würde, um wieder ungehindert reisen zu können. Zu dieser Zeit war ich immer noch staatenlos und besaß lediglich den befristeten UN-Pass.

Noch vor meiner Ankunft lernte ich, was Bürokratie in Deutschland bedeutete: Als Staatenloser benötigte ich ein Heiratsvisum, um nach Deutschland kommen zu dürfen. Dafür verlangte das Landratsamt eine Geburtsurkunde, die nicht älter als ein Jahr sein durfte, für mich jedoch unmöglich zu beschaffen war. Ich staunte, dass sich dieses Problem nicht wie im Sudan durch Zahlen eines Schmiergeldes oder gute Kontakte in die Behörde lösen ließ. Stattdessen hielt sich jeder der Beamten an die Vorgaben. Ich weiß nicht mehr, wie oft Maren zu verschiedenen Ämtern gehen musste, bis mir das Heiratsvisum endlich erteilt wurde. Damit stand meiner Reise nach Deutschland nichts mehr im Weg. Zum Greifen nah war der Moment, auf den wir monatelang gewartet hatten.

KAPITEL 12

Ankunft in einer völlig neuen Welt

An einem kalten, regnerischen Tag Ende April 1999 kam ich in Deutschland an. Schon vom Flugzeug aus fielen mir die vielen Grünflächen und Wälder auf. Am Flughafen staunte ich über die vielen weißen Menschen. Eine solche Menge hatte ich noch nie auf einmal gesehen. Mir wurde es ein wenig mulmig zumute: Worauf hatte ich mich da eingelassen? Wie würde das Leben in Deutschland wohl werden?

Doch als ich am Ausgang des Flughafens Marens leuchtende Augen sah, vergaß ich meine Sorgen erst mal. Wir fielen uns in die Arme und küssten uns. Schließlich gingen wir zu ihrem Auto und machten uns auf den Weg zu ihr nach Hause. Schon auf der Fahrt war ich beeindruckt von den schönen, geteerten Straßen und der Sauberkeit, die überall herrschte.

Marens Familie wohnte auf der Schwäbischen Alb in einem kleinen Dorf namens Bernloch. Unter den knapp 1000 Einwohnern dort hatte sich schon herumgesprochen, dass Maren einen „pechschwarzen Mann“ heiraten würde. Dass ich in Bernloch eine Sensation war, merkte ich gleich bei unserer ersten Fahrt durch den Ort. Eine Frau kam uns auf dem Fahrrad entgegen. Sie starrte mich an und konnte ihren Blick nicht mehr von mir abwenden. Dass die Straße eine Kurve machte, übersah sie in dem Moment und fuhr geradewegs in einen Busch. „Komm, wir müssen aussteigen und ihr helfen“, sagte ich zu Maren. Sie lachte amüsiert: „Meinst du nicht, dass du sie dadurch noch mehr erschrecken würdest? Vergiss nicht, du bist einer der ersten Schwarzen, der Bernloch besucht."

Mein zukünftiger Schwiegervater, der sonst ein eher nüchterner, zurückhaltender Mensch ist, umarmte mich sofort herzlich zur Begrüßung. Ich fühlte mich von Anfang an wohl in Marens Familie, auch wenn die Verständigung zunächst nicht ganz leicht war, weil niemand in der Familie fließend Englisch sprechen konnte und ich nur sehr wenig Deutsch. Aber Marens Vater brachte mir viel Geduld entgegen, versuchte mit Händen und Füßen mit mir zu reden. Zu keinem Zeitpunkt hatte ich das Gefühl, dass es ihn störte, dass seine Tochter einen Ausländer heiraten möchte.

Und meine erste große Herausforderung in Deutschland ließ nicht lange auf sich warten: Ich wollte bei meinem Schwiegervater in spe um Marens Hand anhalten. Nächtelang zermarterte ich mir den Kopf darüber, wie ich das trotz der sprachlichen Hindernisse bewältigen könnte. Selbstverständlich wollte ich Maren in dieser Angelegenheit nicht um Hilfe bitten. Und so kam mir die Idee, meinen Deutschlehrer zu fragen, ob er mir dafür ein paar Sätze formulieren könnte, die ich dann auswendig lernen wollte. Er war sofort dazu bereit und formulierte ein paar brillante Sätze nach guter alter Tradition, die aber so komplex waren, dass ich sie unmöglich auswendig lernen konnte. Schlussendlich lief es dann doch so ab, dass ich meinem Schwiegervater, der sehr amüsiert wirkte, die vorformulierten Sätze vorlas. Später erst wurde mir bewusst, mit welchen hochgestochenen Worten ich um die Hand seiner Tochter angehalten hatte. Bis heute bin ich ihm sehr dankbar, dass er meinem speziellen Antrag seine Zustimmung gab. Ehrlich gesagt, habe ich später niemals nachgefragt, ob er all das verstanden hatte, was ich ihm mühsam versuchte, vorzulesen.

Vor allem aber rechne ich es ihm hoch an, dass er mich in seine Familie aufnahm, obwohl er mich bis dahin nicht persönlich kannte. Auch Marens Geschwister begegneten mir mit großer Offenheit und Herzlichkeit und machten es mir dadurch leichter, in Deutschland anzukommen und Fuß zu fassen.

Von Anfang an kam mir das kleine Dorf auf der Schwäbischen Alb erstaunlich vertraut vor. Es erinnerte mich an mein Viertel in Khartum. Auch hier schien jeder jeden zu kennen. Die Idylle führte aber auch dazu, dass es hier sehr ruhig war. Nach Einbruch der Dunkelheit sah man keine Menschen mehr auf der Straße, hörte keine hupenden Autos. Im Gegensatz zum Sudan und Kenia schien sich das Leben in Deutschland kaum draußen abzuspielen – zumindest nicht auf dem Dorf. Und so konnte ich ohne die vertraute Geräuschkulisse nach meinem ersten Tag in Deutschland trotz der Erschöpfung nur schwer einschlafen.

Am nächsten Tag hielt ich in der örtlichen Kirchengemeinde eine Bibelstunde. Maren übersetzte für mich und so erlebte ich bereits erste Begegnungen mit Menschen, die mir wohlwollend gegenüberstanden. Mein Start in Deutschland war sicher leichter als der vieler Migranten, die mit dem Zug oder Bus an einem unbekannten Ort ankommen und die ersten Schritte in diesem fremden Land ganz alleine gehen müssen.

Schon in meiner ersten Woche in Deutschland gingen wir zum Standesamt, um uns nach den benötigten Unterlagen für die Hochzeit zu erkundigen. Auch wenn ich die Standesbeamtin nicht verstand, erkannte ich, dass es Probleme gab. Sie sagte, dass ich eine Ledigkeitsbescheinigung benötigte, die von einer zentralen Behörde im Sudan ausgestellt werden musste, wofür die Zustimmung meines Vaters nötig wäre. Maren erklärte ihr, dass dies ein Ding der Unmöglichkeit sei. „Dann müssen Sie im schlimmsten Fall damit rechnen, dass eine Hochzeit überhaupt nicht möglich ist“, sagte sie und erzählte uns von einem Eritreer, der seit eineinhalb Jahren auf die Erlaubnis zur Eheschließung wartete. Frustriert verließen wir ihr Büro. Unsere Hochzeitseinladungen waren bereits verschickt, die Flüge meiner Ersatzfamilie aus Kenia gebucht. In unserer Verzweiflung schrieben wir mehrere Organisationen und Personen an, die mich aus der Zeit im Sudan und Kenia kannten und baten sie, meine Ledigkeit zu bestätigen. Dann reichten wir diese Briefe beim Oberlandesgericht ein, das über meinen Fall entscheiden musste. Nun hieß es, abzuwarten.

Langsam kehrte Alltag in meinem neuen Leben in Deutschland ein und damit die Langeweile. Maren ging wieder arbeiten. Und ich hatte nichts zu tun. Ich saß in einer kleinen Wohnung, die Maren für mich gemietet hatte, in einem Mehrfamilienhaus und wunderte mich darüber, dass meine Nachbarn mich nicht am ersten Tag besuchten und im Haus begrüßten.

Da niemand zu mir kam, klingelte ich kurzerhand bei meiner Nachbarin. „Hallo, ich bin Yassir und ich wohne jetzt hier", stellte ich mich auf Englisch vor, als die Dame die Tür geöffnet hatte. „Und was hat das mit mir zu tun?", fragte sie gelangweilt. Als ich nicht direkt antwortete, schloss sie die Tür mit einem knappen „Tschüss" wieder. Seltsam. Hatte ich etwas Falsches gesagt oder gemacht? Ich verstand die Welt nicht mehr. Und das sollte nicht die letzte Situation bleiben, in der ich ratlos zurückblieb. Ich weiß nicht mehr, wie viele Stunden Maren mir erklären musste, wie Mülltrennung funktioniert. Endlich hatte ich das Gefühl, es begriffen zu haben, nahm die Mülltüte mit raus und warf sie in die Tonne, die auf dem Hinterhof stand. Doch als ich mich umdrehte, um wieder ins Haus zu gehen, kam auch schon eine Nachbarin schreiend und wild gestikulierend auf mich zu. Was wollte sie von mir? Maren, die die Szene durchs Wohnungsfenster beobachtet hatte, eilte mir schnell zu Hilfe. Nachdem sie die Nachbarin besänftigt hatte, erklärte sie mir das Problem. Ich hatte zwei Fehler auf einmal gemacht: Zum einen hatte ich die Mülltüte statt in die grüne in die schwarze Tonne geworfen. Und zum anderen gehörte diese schwarze Tonne noch nicht einmal zu unserem Haus, sondern zu dem der wütenden Nachbarin. „Unglaublich, was für Probleme diese Menschen hier haben", sagte ich zu Maren, nachdem ich die Tüte wieder aus dem Müll gefischt und adäquat entsorgt hatte.

Ohne es zu wollen, zog ich wenige Tage später wieder den Ärger der Nachbarn auf mich. Zwar nahm ich wahr, dass eines Tages an meiner Wohnungstür ein Kehrwochenschild hing, doch weil ich nicht wusste, was es zu bedeuten hatte, legte ich es beiseite. Als in dieser Woche das Treppenhaus dreckig und die Straße ungekehrt blieb, kam ein Nachbar auf mich zu und erklärte mir auf Englisch, was es mit der Kehrwoche auf sich hat. Zum Glück, denn nun konnte ich meiner Pflicht nachkommen und putzen. Wir Migranten brauchen jemanden, der uns an die Hand nimmt und uns erklärt, wie die Dinge hier funktionieren. Nur wenn wir unsere Rechte, aber auch unsere Pflichten kennen, können wir uns integrieren.

Aber natürlich gab es auch viele wunderschöne Momente in meinem neuen Leben. Zum Beispiel wurde unserem Antrag auf Eheschließung trotz der fehlenden Urkunde völlig überraschend bereits nach vier Wochen stattgegeben. Unserer Hochzeit im August mit unseren Familien und Freunden stand also nichts mehr im Weg.

Nach meiner Konversion hatte ich mich oft gefragt, ob ich jemals heiraten würde und wenn ja, wer diese Hochzeit dann mit mir feiern würde. Als wir im August 1999 in Bernloch in die voll besetzte Kirche einzogen, fand ich meine Antwort: Neben Marens Verwandtschaft und ihren Bernlocher Freunden war meine gesamte Ersatzfamilie aus Kenia sowie Freunde aus dem In- und Ausland angereist, um unser Glück mit uns zu teilen. Das war das wunderbarste Hochzeitsgeschenk, das sie mir hatten machen können. Dass ich nicht meine Cousine heiratete, der ich seit dem Kindesalter versprochen war, sondern die Frau, die ich liebte, war allerdings mein größtes Glück. Ihr habe ich es zu verdanken, dass ich hier in Deutschland meinen Platz gefunden habe und mein Potenzial entfalten und leben kann.

Geborgenheit braucht vertraute Laute

Mein Leben in Deutschland wurde einfacher, nachdem ich Anschluss in der Arabisch-Evangelischen Gemeinde in Stuttgart gefunden hatte. Ich weiß noch, wie warm mir ums Herz wurde, als ich zum ersten Mal die Urbanstraße in Stuttgart entlangging und nach dem Haus suchte, in dem sich die Gemeinde traf. Schon von Weitem konnte ich arabische Laute hören. Rhythmen und Melodien von arabischsprachigen christlichen Liedern drangen in meine Ohren. Lieder, die ich auch im Sudan und in Kenia gesungen hatte. Der Pfarrer der Gemeinde, Dr. Hanna Josua, den ich bereits aus Kenia kannte, freute sich, mich wiederzusehen. Genauso wie ich war auch er mit einer deutschen Frau verheiratet und sein Vorbild zeigte mir, dass es möglich war, sich als Arabischstämmiger in Deutschland zu integrieren.

Ich bewunderte den gebürtigen Libanesen, der predigte, Laute spielte und später sogar noch in Evangelischer Theologie promovierte. Ihm gelang es, eine Gemeinde zu gestalten, die einen Ort der Integration darstellt, wo Fremde und Einheimische ihren gemeinsamen christlichen Glauben leben und sich dabei ermutigen können. Er gab mir auch den Rat, die deutsche Sprache intensiv zu studieren, um überhaupt Fuß fassen und meinen Weg finden zu können. Dafür bin ich ihm bis heute dankbar.

Nach dem Gottesdienst saß ich mit anderen Gemeindemitgliedern, die denselben kulturellen Hintergrund wie ich hatten, bei Kaffee und Tee zusammen. Die Syrer, Jordanier und Iraker lachten, als ich ihnen von meinen Problemen mit der Mülltrennung erzählte. Auch sie hatten schon ähnliche Situationen erlebt. Es tat gut, sich mit Menschen auszutauschen, die dasselbe erlebt und dieselben anfänglichen Probleme gehabt hatten. So wurde die Gemeinde zu einer Art Familie für mich und half mir dabei, mich in meiner neuen Heimat zurechtzufinden. Zusätzlich paukte ich in den kommenden Monaten an fünf Tagen in der Woche acht Stunden lang Vokabeln und Grammatik der deutschen Sprache. Somit hatte ich auch wieder eine

Aufgabe. Obwohl es uns beiden schwerfiel, zwang Maren mich, zu Hause nicht mehr Englisch, sondern nur noch Deutsch zu sprechen. Manchmal lachten wir über meine Wortkreationen, wenn ich zum Beispiel statt Schwiegermutter „Schwierigmutter" sagte. Heute korrigieren mich meine Kinder und helfen mir dabei, meine Sprachkenntnisse zu vertiefen.

Die Zeit rennt

Meine erste Fahrt, beziehungsweise Nichtfahrt mit dem Zug war für mich ebenfalls eine Lektion in Sachen deutsche Kultur. Ich wollte mich bei der Sprachschule in Stuttgart anmelden. Maren hatte mir am Vortag erklärt, wie der Fahrkartenautomat funktioniert, von welchem Gleis ich losfahren und wie viele Stationen ich fahren musste. „Das Allerwichtigste ist: Sei pünktlich am Bahnhof", schärfte sie mir ein. Wir wohnten etwa 300 Meter vom Bahnhof entfernt. Eine Viertelstunde vor Abfahrt des Zuges verließ ich das Haus. Es war acht Uhr morgens und viele Leute waren auf dem Weg zur Arbeit oder in die Schule. Ich freute mich, wieder einmal unter vielen Menschen zu sein und wollte am liebsten alle von ihnen kennenlernen. Außerdem wollte ich höflich sein. Also begrüßte ich jeden – egal ob Schulkind, Mama mit Kinderwagen oder Geschäftsmann – mit Handschlag und einem herzlichen „Hallo". Die meisten Leute schauten mich zunächst verblüfft oder irritiert an, schenkten mir dann aber doch ein Lächeln und begrüßten mich ebenfalls.

Da ich viele Leute traf, dauerte der Weg länger, als ich gedacht hatte. Ich kam gerade auf dem Gleis an, als sich die Türen der S-Bahn schlossen. Ein Zugbegleiter schaute aus dem Fenster. Ich winkte ihm zu. Er bemerkte mich auch, ließ den Zug jedoch trotzdem losfahren. Ich fand das sehr unverschämt und unfreundlich, zumal ich nicht viel zu spät war, höchstens zwei Minuten. Für mein damaliges

Empfinden war ich überpünktlich. „Spät“ fing bei mir erst eine Stunde nach dem geplanten Zeitpunkt an.

In Kenia und im Sudan gibt es innerhalb der Städte keine Bahn, sondern nur Busse und Taxis. Die Busse halten immer dort, wo die Menschen warten oder aussteigen möchten, nicht nur an den Haltestellen. Man winkt dem Busfahrer, dieser hält an und man kann einsteigen. Dieses System finde ich sehr sympathisch, weil es aus meiner Sicht viel praktischer ist. Doch bei meiner ersten Zugfahrt habe ich gelernt, dass in Deutschland die Zeit oft viel wichtiger ist als die Menschen. Pünktlichkeit ist in Deutschland eine Tugend, der man sich beugen sollte, um respektiert und ernst genommen zu werden. Ich musste mich erst an die hier übliche, langfristige Planung gewöhnen. Um die Zeit optimal auszunutzen, haben die Deutschen immer einen Terminkalender zur Hand. So mache ich es einfach mittlerweile auch.

Einige Monate und viele Zugfahrten später, hatte ich mich an die Abläufe gewöhnt. Noch heute versuche ich beim Zugfahren nicht alleine zu sitzen, sondern mich zu Menschen dazuzusetzen. So bin ich es aus meiner Heimat gewohnt. Und so nahm ich auch dieses Mal im Zug von Stuttgart nach Frankfurt gegenüber einer älteren Frau Platz. Durch ihre Brille beäugte sie mich mit neugierigen Blicken. Jedes Mal, wenn ich sie anschaute, guckte sie weg. Und wenn sie mich ansah, schaute ich weg, weil ich dachte: Wie soll ich mit ihr ein Gespräch anfangen? Ich rede noch viel zu schlecht Deutsch.

So ging das mehrere Male hin und her. Nach etwa 20 Minuten umklammerte die Frau ihre Handtasche, die sie auf dem Schoß hatte, und räusperte sich: „Gell, Sie sind net von hier?“, fragte sie so laut, als ob ich schwerhörig wäre.

Es gibt manchmal Momente, in denen man in wenigen Sekunden entscheiden muss, wie man reagiert. Ich fand ihre Frage unhöflich. Bei uns im Sudan fragt man Menschen, die offensichtlich fremd aussehen, so etwas nicht. Doch diese Frau sah nicht unhöflich aus, sondern lächelte mich freundlich an. Ich hätte nicht reagieren müssen, sondern vortäuschen können, ihre Sprache nicht zu verstehen. Meinen arabischen Freunden hätte ich eine Geschichte über die Unhöflichkeit der Deutschen erzählen können. Doch ich entschied, mich über die Frage dieser Frau zu freuen, weil sie sich nicht nur im Stillen über mich Gedanken machte, sondern diese aus- und mich ansprach. Als Migrant liegt es an mir, ob ich offen für mein Gegenüber bin, ins Gespräch komme und dadurch die Möglichkeit ergreife, Teil dieser Gesellschaft zu werden.

So antwortete ich mit meinem gebrochenen Deutsch und sagte, dass ich aus dem Sudan käme. Die etwa 75-jährige Frau erzählte mir, dass sie in der Nähe von Freiburg wohne und im zweiten Weltkrieg zum ersten Mal Afrikaner gesehen hätte. Soldaten, die die französische Armee aus den Kolonien rekrutiert hatte. Dann begann sie, vom Krieg zu berichten, und wie knapp das Essen damals war. „Täuschen Sie sich nicht, so gut wie jetzt ging es Deutschland nicht immer", sagte sie und erzählte mir von den Trümmerfrauen, die angefangen hatten, das Land wieder aufzubauen. Und so lauschte ich während der ganzen Zugfahrt gespannt ihren Erzählungen.

In der arabischen Kultur ist ein hohes Alter gleichbedeutend mit Weisheit. Ein Sprichwort sagt: Wenn jemand auch nur einen Tag vor dir gelebt hat, weiß er mehr als du. Außerdem wird in unserer Kultur Wissen durch Geschichten vermittelt. Ich denke, solche Geschichten von Menschen aus der Kriegsgeneration können auch Syrern und anderen Kriegsflüchtlingen Hoffnung machen, dass es ein Leben nach Krieg und Zerstörung gibt: Dresden war so zerbombt wie Aleppo heute. Dank vieler fleißiger und großzügiger Menschen ist es heute wieder eine wunderschöne Stadt.

Schließlich kam unser Zug nach einer kurzweiligen Fahrt in Frankfurt an. Ich half der Frau beim Aussteigen. Sie bedankte sich sehr und wir tauschten Adressen aus. Seitdem erhielt ich von ihr jedes Jahr an Weihnachten eine Postkarte. Eines traurigen Tages rief der Sohn der Frau an und teilte mir mit, dass seine Mutter verstorben sei. Zuvor hatte sie den Wunsch geäußert, dass ich zu ihrer

Beerdigung kommen solle. So fuhr ich in das kleine Dorf bei Freiburg und erzählte von der Frau, die den Mut gehabt hatte, mich anzusprechen und Begegnung zu wagen.

Nur in der direkten Begegnung mit anderen Menschen lassen sich Ängste abbauen. Wo keine Begegnung stattfindet, bleibt man sich fremd. Wir Migranten brauchen jemanden, der uns freundlich an die Hand nimmt und uns erklärt, wie es hier läuft. Nur wenn wir unsere Rechte, aber auch unsere Pflichten kennen, können wir uns integrieren. Und schließlich sind Fremde meist lediglich Freunde, die wir noch nicht kennengelernt haben.

KAPITEL 13

Immer noch der Sohn meines Vaters

Puh, zum Glück ist es ein Junge!, schoss es mir durch den Kopf. Bewusst hatte ich mich schon längst von meiner patriarchalischen Erziehung distanziert, doch unterbewusst saß die Prägung scheinbar noch tief. Und so war ich insgeheim erleichtert, dass unser erstes Kind ein Junge war. Die Nachfolge war gesichert.

Über die Geburt unserer beiden Töchter, die im Jahr 2005 zur Welt kamen, waren wir beide ebenfalls sehr glücklich. Im Kopf war es für mich klar, dass mein Sohn und die Zwillingsmädchen gleichwertig sind und die gleichen Chancen erhalten, sich zu entfalten. Doch diese Überzeugung musste ich nun auch leben!

Die positiven Werte, die mir in meiner Kindheit vermittelt wurden, wie Respekt vor älteren Menschen, Hilfsbereitschaft gegenüber Fremden und Gastfreundschaft möchte ich auch meinen Kindern mit auf den Weg geben. Aber es gibt eben auch negative Ansichten, die mich in meiner Kindheit prägten, die ich ablegen möchte und teilweise schon abgelegt habe: So zum Beispiel die Haltung gegenüber Andersgläubigen und gegenüber Frauen. Es bleibt für mich ein Lernprozess, in einer anderen Kultur Vater zu sein. Ich bin der Ansicht, dass dies auch eine Herausforderung für alle Migranten ist, die erst im Erwachsenenalter hierherkommen. Sie sollten nicht einfach die Erziehung ihrer Eltern übernehmen, die sie selbst erlebt haben, sondern einen neuen Weg finden, ihre Kinder im deutschen Kontext zu erziehen. Verändern sie sich nicht, besteht für sie die Gefahr, ihre

Töchter und Söhne irgendwann zu verlieren, weil diese sich nicht mit ihnen identifizieren können und versuchen, ihre Identität woanders zu finden.

Vor allem muss man das Thema Ehre neu bedenken, will man seine Kinder nicht von der deutschen Kultur entfremden. Es greift zu kurz, die Ehre der Familie nur darauf zu reduzieren, wie sich die Frau verhält. In der traditionellen islamischen Gesellschaft gibt es diese Paradoxie: Frauen spielen zwar eine untergeordnete Rolle, was damit begründet wird, dass sie Mängel in Vernunft und Glauben haben. Andererseits hängt vor allem von ihrem Verhalten der Status, der Ruf, das Prestige, kurzum die Ehre der gesamten Familie ab.

Manche Migranten aus meinem Kulturkreis erzählen mir stolz, dass sie regelmäßig in der Bahn schwarzfahren oder Geld vom Sozialamt erhalten und nebenher gleichzeitig schwarzarbeiten. Diese für mich völlig unehrenhaften Taten sind für sie in Ordnung. Aber wenn die eigene Tochter Hand in Hand mit ihrem Freund spazieren geht, muss die Ehre der Familie verteidigt werden. Diesen Menschen versuche ich deutlich zu machen, dass in der Gesellschaft, die uns aufgenommen hat, Ehre und Prestige zwar eine wichtige Rolle spielen, man diese aber nicht alleine durch das Verhalten der Frau erlangt, sondern durch „Ehr"lichkeit und Leistung.

Viele von uns Migranten kommen aus Ländern, die unter anderem auch deshalb völlig unterentwickelt sind, weil sie das Potenzial der Hälfte der Bevölkerung, nämlich das der Frauen, brachliegen lassen. Weil Frauen keinen oder nur geringen Zugang zu Bildung haben und teilweise vom gesellschaftlichen Leben ausgeschlossen werden. „Hier in Deutschland gibt es die Chance, dass eure Frauen gefördert werden, sich entfalten und verwirklichen können", sage ich den Migranten, mit denen ich ins Gespräch komme und ermutige sie, diese Möglichkeiten zu nutzen und davon zu profitieren.

Auch wenn ich meine eigene patriarchale Erziehung kritisiere, laufe ich immer wieder Gefahr, in ihre Denkmuster zu verfallen. So stört es mich bis heute, wenn ich nach meinen Kindern rufe und sie nicht ein paar Sekunden später erscheinen, so wie ich es von zu Hause gewohnt war und selbst tun musste. Außerdem muss ich lernen, dass meine Kinder mich auch dann respektieren, wenn sie mit mir diskutieren und mir widersprechen. Heute ist es mir sehr wichtig, mich auf Diskussionen mit meiner Frau und unseren Kindern einzulassen und ihnen zu erklären, warum ich wie handle, statt meine Kinder mit meiner Reaktion vor den Kopf zu stoßen oder einfach zuzuschlagen.

Von meinem Vater habe ich übernommen, dass Schimpfwörter bei uns zu Hause völlig tabu sind. Die deutsche Sprache ist so reich an Worten, man hat Hunderte Möglichkeiten sich auszudrücken, wenn einem etwas nicht gefällt. Da ist es doch wenig geistreich, immer dieselben Schimpfwörter zu verwenden. Auch die Freunde meiner Kinder haben inzwischen gemerkt, dass unser Zuhause eine schimpfwörterfreie Zone ist.

So versuchen wir als Familie, das Beste aus beiden Kulturen zu leben. Allerdings merke ich immer wieder, wie tief negative Prägungen in mir sitzen. Sie können nicht durch ein paar Unterrichtseinheiten im Integrationskurs geändert werden, sondern nur, wenn ich bereit bin, mich ständig mit ihnen auseinanderzusetzen.

Und so schließt sich der Kreis

Lange nachdem ich den Darfur-Konflikt hautnah miterleben musste, holte er mich im Jahr 2004 wieder ein, ja man kann sagen, er kam direkt in unser Wohnzimmer. Der Chef der christlichen Hilfsorganisation „Humedica", Wolfgang Groß, rief mich an. „Im Katharinenhospital in Stuttgart liegt ein sudanesischer Junge, könntest du ihn besuchen?", fragte er mich. Ich war erschüttert zu hören, welche Strapazen der 12-jährige Ali in seinem jungen Leben bereits hatte durchstehen müssen. Selbstverständlich besuchte ich ihn im Krankenhaus. Arabische Nomaden, Reitermilizen, hatten sein

Heimatdorf überfallen. Als er mit seiner Familie floh, traf ein Schuss seinen linken Oberschenkel, der Knochen war gebrochen. Sieben Monate war Ali mit dem verletzten Bein auf der Flucht, denn medizinische Hilfe gab es nicht. Dadurch entzündete sich die Wunde so sehr, dass eine Amputation nötig zu sein schien. Die Infektion drohte lebensgefährlich zu werden. Im Krankenhaus in Nyala in Süddarfur wurde er nur notdürftig behandelt, weil seine Familie nicht für die Kosten aufkommen konnte. Alis Vater wandte sich an das Humedica-Ärzteteam, das im Flüchtlingslager am Rande von Nyala arbeitete. Als die pensionierte Chefärztin Luise Kalmbach den Jungen dort sah, war ihr schnell klar, dass eine Operation in Deutschland das Bein würde retten können. Kurzerhand nahm sie ihn auf ihrem Rückflug mit nach Deutschland. Ein befreundeter Unfallchirurg von ihr, Professor Ulrich Klotz, war bereit, den Jungen kostenlos zu operieren. Nach mehreren Operationen konnte Ali wieder beide Beine bewegen und nutzen. Die Infektion war ebenfalls besiegt.

Als ich ihn nach seiner Operation im Krankenhaus besuchte, saß der Junge wie ein Häufchen Elend in seinem Krankenbett. Er konnte sich nicht verständigen und hatte großes Heimweh. Ich versuchte, ihn auf Arabisch anzusprechen, aber er reagierte nicht. Dann erinnerte ich mich an die Sprache, die ich in Darfur mit den Menschen gesprochen hatte, als wir dort wohnten. Ein Leuchten huschte über das Gesicht des Jungen, als ich ihn auf Masalit ansprach.

Wir nahmen Kontakt zu seinem Vater auf, der sich wünschte, dass Ali bei uns bleiben und in Deutschland aufwachsen konnte. Für Maren und mich sprach nichts dagegen, wir hatten Ali gerne inmitten unserer Familie. Vieles, was in Deutschland selbstverständlich ist, war für den Jungen neu: Im Winter sah er zum ersten Mal in seinem Leben Schnee. Auch dass eine Frauenstimme uns via Navigationssystem den Weg vorgab und uns tatsächlich zum Ziel brachte, beeindruckte ihn. „Das ist die erste Frau, der ich begegnet bin, die die Wahrheit sagt", sagte er mit einem breiten Grinsen.

Sechs Monate wohnte Ali bei uns, bis die Aufforderung kam, dass er umgehend nach Darfur zurückkehren müsse. Wenn er nicht zurückkehrte, müsse „Humedica“, die einzig verbliebene ausländische Hilfsorganisation im Sudan, das Land verlassen. Dieses Privileg wollten wir nicht aufs Spiel setzen. Also mussten wir ihm mitteilen, dass er wieder nach Hause zu seinem Vater und seinen vier Geschwistern fliegen musste. „Ich werde zu Hause niemandem erzählen, was ich hier erlebt habe“, sagte er mir zum Abschied. „Warum?“, wunderte ich mich. „Die tollen Autos, die elektrischen Lichter im Haus, ein Herd ohne Feuer, Hunde, die in der Wohnung sein dürfen … Niemand wird mir glauben, wenn ich erzähle, was ich hier gesehen und erlebt habe“, sagte er lachend und sah gleichzeitig wehmütig aus.

Als ich selbst in Alis Alter war, lebte ich in Darfur. Begegnungen mit gleichaltrigen Jungen hatte ich dort aber kaum. Meine Familie missachtete die Darfuris und schaute auf sie herab. Die Gleichgültigkeit meines Vaters gegenüber den von Überfällen, Tod und Leid geplagten Menschen in Darfur habe ich noch genau vor Augen. In Deutschland konnte ich diese Begegnung nachholen. Es wurde möglich, was damals unvorstellbar für mich war: Ein Darfuri wohnte bei uns und teilte sein Leben mit uns.

Dass Ali nicht länger in Deutschland bleiben durfte, hatte aus meiner Sicht den einfachen Grund, dass das Schicksal des Jungen sinnbildlich für den Krieg in Darfur stand, an dem die nordsudanesische Regierung aktiv beteiligt war und ist. Der SWR hatte eine Reportage über Alis Geschichte gedreht und dafür sogar seine Familie in Darfur besucht. Er war also bekannt. Wahrscheinlich wollte die sudanesische Regierung nicht, dass dieses Kind ihr Image im Ausland beschädigte.

KAPITEL 14

Schalom – Friede sei mit euch

Schon lange wollte ich auf den Spuren Jesu pilgern und die Orte sehen, von denen in der Bibel die Rede ist. Gleichzeitig zögerte ich. Seit ich an den Juden Jesus glaubte, war es mir unmöglich geworden, Juden weiterhin zu hassen. Aber die Hemmschwelle, ihr Land zu betreten, blieb bestehen. Die jahrelange Prägung meines Vaters und der sudanesischen Gesellschaft hatte auch hier ihre Spuren hinterlassen: Zweimal kämpfte mein Vater im Krieg gegen „die Besatzer Palästinas". Israel galt im Sudan als absolutes Feindesland. Wer in den Sudan einreisen wollte, durfte in seinem Pass keinen israelischen Stempel haben. Jeder, der das „besetze Palästina" besucht hatte, galt als Spion für den israelischen Geheimdienst, oder zumindest als Zionist, der die Unterdrückung der Araber unterstützte.

Doch als mich mein Freund Harun Ibrahim auf eine Reise ins „Heilige Land" einlud, sagte ich trotz dieser Bedenken sofort zu und besuchte Israel an Ostern 2014 zum ersten Mal. Harun ist arabischer Israeli und wuchs in einer muslimischen Familie in der Nähe von Jerusalem auf. Er kennt Israel wie seine Westentasche. Heute ist Harun Christ und Gründer des christlich-arabischen Fernsehsenders „al-Hayat TV", der im Nahen Osten, Nordafrika, Asien und dem Pazifischen Raum rund 40 Millionen Zuschauer pro Jahr erreicht, unter ihnen auch viele Muslime.

Der absolute Höhepunkt meiner Reise war der Besuch an der Klagemauer in Jerusalem: Ich berührte die mächtigen, hellen

Steinblöcke, die vom Licht der tief stehenden Nachmittagssonne beschienen wurden. Auf dem Kopf trug ich eine jüdische Kopfbedeckung, eine *Kippa*, die ich am Eingang zum Gebetsbereich der Männer erhalten hatte. Links neben mir stand ein orthodoxer Jude mit schwarzem Hut, mantellangem Bart und Schläfenlocken. Er hielt ein Gebetbuch in den Händen und rezitierte mit leisem Singsang Gebete, wobei er seinen Oberkörper im Rhythmus des Textes vor und zurück wiegte.

Etwas abseits bemerkte ich einen Soldaten, der ein Bittgebet auf einen Zettel schrieb und das Papier in einen Spalt zwischen die Steine der Mauer klemmte. Rechts von mir saß ein älterer Herr auf einem weißen Plastikstuhl, der einen Gebetsmantel trug. Ein Jugendlicher lehnte sich mit seinem rechten Arm und seinem Kopf an die Steine, seine Lippen bewegten sich. Ich war fasziniert von der meditativen und konzentrierten Atmosphäre an der Klagemauer, einer früheren Befestigungsmauer des zweiten Tempels, der von den Römern im Jahr 70 nach Christus zerstört wurde.

Auch ich begann, Psalmen zu beten und fühlte mich auf wunderbare Weise mit den Menschen um mich herum verbunden. An diesem Ort schienen Vergangenheit und Gegenwart, Geschichte und Glaube miteinander versöhnt zu sein. Der Gebetsbereich füllte sich mit immer mehr jüdischen Männern, die gekommen waren, um an der Mauer den Sabbat willkommen zu heißen. Auch im abgesperrten Frauenbereich rechts von uns wurde es zunehmend voller. Alle Besucher der „größten Freilichtsynagoge der Welt" hatten sich für den Beginn des Sabbats festlich angezogen, viele von ihnen waren deutlich als orthodoxe Juden zu erkennen. So viele Juden hatte ich noch nie gesehen. Warum habe ich diese Menschen eigentlich so gehasst?, fragte ich mich, als ich in das Meer von Menschen blickte. Ich dachte an die Verschwörungstheorien, die ich in meiner Kindheit gehört hatte: An allen Problemen der Welt seien die Juden schuld, wurde mir beigebracht. Selbst den Holocaust hätten sie erfunden, um den Staat Israel gründen zu können.

Mit Tränen in den Augen bat ich Gott um Vergebung für diesen Hass und diese Verblendung und betete für meine Familie und alle, die durch ihre Religion oder eine Ideologie so irregeleitet waren, dass sie diesem Volk die Vernichtung wünschten.

Die Sonne ging unter, der Sabbat begann. Ich verließ den Gebetsbereich und ging zu Harun, der auf dem Platz davor auf mich wartete. „Shabbat Schalom", grüßte mich ein Mann, der mir entgegenkam. „Schalom" – Frieden. Das war es, was ich diesen Menschen aus vollstem Herzen wünschte.

Aus nicht allzu weiter Ferne konnte ich die Muezzine des Felsendoms und der Al-Aqsa-Moschee zum Abendgebet rufen hören. Auf so wenigen Quadratmetern spielen sich so viele Konflikte ab! Das Bild des Felsendoms mit seiner goldenen, glänzenden Kuppel hing damals als riesiges Poster in meinem Kinderzimmer. „Das ist, was die Juden jetzt besitzen", erklärte man mir, und dass man diese Moscheen, den Felsendom und die Al-Aqsa-Moschee aus der Hand der zionistischen Juden befreien müsse. Dass Muslime diese auf dem Schutt eines zerstörten jüdischen Tempels gebaut hatten, erzählte mir niemand. Wahrscheinlich wusste meine Familie es nicht besser, oder sie verleugneten es. Genauso wie der Mufti von Jerusalem, der nicht wahrhaben will, dass hier einmal ein Tempel stand[49]. Aber die Steine der Klagemauer, die ich vor mir sah, entlarvten die Lüge, dass die Juden erst nach der Staatsgründung Israels hierhergekommen sein sollen. Schon viele Jahrhunderte vor der Entstehung des Islams hatte das Volk Israel hier gelebt.

Ähnlich beeindruckt war ich vom Garten Gethsemane: Ich sah die jahrhundertealten Olivenbäume und konnte mir bildlich vorstellen, wie Jesus hier gesessen hat, Wasser und Blut schwitzte und sich schließlich entschloss, den Weg ans Kreuz zu gehen. Dort wurde mir deutlich, dass Jesus nicht erst mit der Auferstehung, sondern schon mit seiner Entscheidung im Garten im Gebet und unter Tränen den Tod besiegt hat. Der Besuch dieser historischen Orte stärkte meinen Glauben und die Verbundenheit mit dem jüdischen Volk.

Je öfter ich seitdem in Israel bin, umso trauriger finde ich es, dass Sympathie mit Israel in vielen christlichen Kreisen fehlt, manchmal sogar offener Antijudaismus existiert: Einmal besuchte ich eine Gemeinde von syrischen Christen in Süddeutschland, die aus Protest den Raum verließen, als der Pastor einen Psalm las, in dem das Wort „Israel" erwähnt wurde. Sie waren der Meinung, dass die Juden nicht mehr das auserwählte Volk Gottes seien, sondern längst durch die Christen ersetzt wurden. Wir als Christen haben keine theologische Grundlage, dieses Volk zu hassen, davon bin ich zutiefst überzeugt. Das Tragische ist, dass die arabischen Christen Israel durch die Brille des Islam sehen und einen Kampf führen, der gar nicht der ihre ist.

Aber auch hierzulande müssen Christen vorsichtig sein, nicht das Feindbild gegenüber Israel zu übernehmen. Dabei geht es nicht um unbegrenzte Solidarität mit der Politik Israels, sie kann wie die Politik eines jeden anderen Staates kritisiert werden. Aber wer das Existenzrecht Israels negiert, der steht damit nicht auf der Grundlage der Bibel.

Vor einigen Jahren nahm ich an einer Podiumsdiskussion teil, die sich unter anderem mit der Frage beschäftigte, wie die deutsche Gesellschaft 70 Jahre nach der Befreiung des Konzentrationslagers Auschwitz aussieht. Auch ein Imam war Teil der Diskussionsrunde. „Was sagen Sie dazu, dass in der NS-Zeit mehrere Millionen Juden vernichtet wurden?", fragte ich ihn direkt. „Man muss die historischen Gründe verstehen ...", druckste er herum. Ich entgegnete: „Wir wollen jetzt nicht diskutieren. Wir wollen nur sagen: Was im Zweiten Weltkrieg mit den Juden in diesem Land passiert ist, war ein Verbrechen. Egal, wen ich hier im Raum fragen würde, ich bin mir sicher, dass niemand auch nur eine Minute zögern würde zu sagen, dass der Holocaust ein Verbrechen war", sagte ich zu dem Imam. Doch der konnte sich nicht durchringen, dieses furchtbare Vorgehen ebenso zu verurteilen. Der zunehmende Antisemitismus, der in steigendem Maße nicht mehr nur von Rechtsextremen kommt, sondern auch von muslimischen Zuwanderern, ist ein großes Problem.

Es ist gut, dass die Deutschen aus ihrer Vergangenheit gelernt haben und sehr sensibel sind, wenn sich Judenhass in unserer Gesellschaft regt. Doch das „Nie wieder!" muss auch für den Antijudaismus gelten, den Menschen aus dem Nahen Osten und der Türkei importieren. Wenn Juden wieder um ihre Sicherheit bangen müssen, nur weil sie mit einer Kippa auf die Straße gehen, ist das fatal und eine schreckliche Wiederholung der Geschichte.

Wir dürfen nicht tolerieren, dass es Gruppen von Menschen gibt, die Hitler verherrlichen, den Holocaust verharmlosen oder sogar bewundern und damit mehr als sechs Jahrzehnte der kritischen Aufarbeitung der Zeit des Nationalsozialismus ignorieren. In diesem Bereich brauchen wir eine neue Bildungsoffensive. Antijudaismus – egal ob von rechts, links oder von islamischer Seite – darf in diesem Land, und auch sonst auf der Welt, keinen Platz haben!

In der Koranschule, der Moschee und zu Hause habe ich eines gelernt: zu hassen. Ich hasste Christen, Juden, schaute auf Frauen, Darfuris und islamische Mystiker herab. Viel zu spät merkte ich, dass ich mir selbst schadete, wenn ich andere hasste, weil in mir etwas gor, das mir selbst nicht guttat. Hass ist so, wie wenn man Gift trinkt und erwartet, dass dadurch das verhasste Gegenüber stirbt.

Seitdem ich Christ bin, habe ich keine ideologische Grundlage mehr, Menschen zu hassen. Selbstverständlich ist es nicht nur Christen vorbehalten, den Mitmenschen respektvoll zu begegnen und mit beiden Beinen auf dem Boden des Grundgesetzes zu stehen. Aber mir half der christliche Glaube bei der Integration: Wenn ich davon überzeugt bin, dass ich als Ebenbild Gottes eine unveräußerliche Würde habe, wächst in mir die Bereitschaft, alle Menschen als Ebenbilder und Geschöpfe Gottes zu sehen – alles andere ordne ich dem unter.

Unser Grundgesetz beginnt bekanntlich mit den Worten „Die Würde des Menschen ist unantastbar!" – eine Aussage, die auf diesem jüdisch-christlichen Gedanken basiert. Dass der Mensch und seine Würde im Zentrum und am Anfang einer Verfassung stehen, ist wunderbar und nicht selbstverständlich: Die Verfassungen der arabischen Länder beginnen alle mit Sätzen wie „das Land ist unteilbar".

Verinnerlichen wir also diesen einfachen, aber wunderschön formulierten Satz, aus dem sich alle weiteren Grund- und Menschenrechte ergeben.

KAPITEL 15

Wenn Liebe stärker ist als Hass

Nur eine Woche nachdem die „christliche Hauptstadt des Iraks", Karakosch, von der Terrormiliz „Islamischer Staat" befreit wurde, stehe ich im Innenhof der Kathedrale der „Unbefleckten Empfängnis". Voller Entsetzen sehe ich, wie die Dschihadisten dieses Gotteshaus zugerichtet haben. Kreuze wurden als Schießstände missbraucht, weibliche Schaufensterbüsten liegen mit Kugeln durchsiebt auf dem Boden.

Ohne jeglichen Respekt vor diesem heiligen Ort haben Kämpfer des „Islamischen Staat" (IS) den Hof eines Gotteshauses verwendet, um Hinrichtungen zu trainieren und ihren Hass gegen die Christen noch weiter zu schüren. Die Kathedrale, die erst vor 70 Jahren erbaut worden war und zu den größten im Nahen Osten zählt, funktionierten sie während der zwei Jahre ihrer Herrschaft zum Hauptquartier um.

Kurz bevor die Stadt in einer gemeinsamen Aktion von irakischen Streitkräften und kurdischen und christlichen Milizen am 18. Oktober 2016 befreit werden konnte, setzten die IS-Kämpfer das Gebäude mit Chemikalien in Brand, um es vollends zu zerstören. Die Innenräume der Kathedrale sind verrußt, die meisten der Holzbänke verbrannt, auf den Marmorsäulen haben sich Dschihadisten aus unterschiedlichen Ländern mit Eddingstiften verewigt – sogar ein Mann namens Abu Hamza aus Stuttgart-Botnang hat seine Unterschrift hinterlassen. Terror kennt keine Nationalität. Selbst von außen wurde die Kathedrale zerstört: Die Uhren, Glocken und das Kreuz wurden vom Turm gerissen.

Jetzt stehen auf dem zerstörten Altar bunte Holzkreuze und brennende Kerzen, die ein wenig warmes Licht verbreiten, so als wollten sie der Zerstörungswut und dem unbändigen Hass trotzen, der überall deutlich spürbar ist. Die ehemaligen Bewohner der Stadt haben sie dort aufgestellt. Nur einige Tage, nachdem die Stadt befreit worden war, kehrten sie für ein paar wenige Stunden in ihre Heimat zurück, um eine erste Messe zu feiern und die entweihte Kirche wieder ihrer Bestimmung zu übergeben. Bereits direkt nach der Befreiung hatten christliche Milizen ein provisorisches Holzkreuz auf das Dach gesetzt, ein Symbol dafür, dass dieser Ort eine Heimat für Christen bleibt.

Karakosch, das etwa 32 Kilometer südöstlich von Mossul in der Ninive-Ebene liegt und auch unter dem Namen al-Hamdaniya, oder Bakhdida bekannt ist, hat eine längere christliche Geschichte als wohl jedes Dorf in Deutschland. Dies beweist das alte Kloster aus dem 6. Jahrhundert nach Christus und die zehn Kirchen der Stadt, die allesamt ähnlich stark zerstört wurden wie die Kathedrale. In den anderen Kirchen sah ich geköpfte Jesusfiguren, auf den Friedhöfen geschändete Gräber. Eine der Kirchen hatten die IS-Kämpfer sogar in eine Bombenfabrik umfunktioniert.

Wir fuhren weiter durch die Stadt. Das Ausmaß der Verwüstung, das ich dort durch mein Autofenster sah, sprengte meine Vorstellungskraft. Kaum etwas erinnerte mich an meinen ersten Besuch in Karakosch vor zweieinhalb Jahren; selbst die völlig zerstörte Feierhalle, in der ich beim letzten Mal zu Gast bei einer Hochzeit war, erkannte ich kaum wieder. Damals konnte ich noch nicht ahnen, dass die Stadt ein halbes Jahr später zu einer IS-Hochburg werden würde. Damals staunte ich noch über die vielen schönen Häuser und teuren Autos. Die meisten Bewohner hatten es zu einem gewissen Wohlstand gebracht, waren handwerklich begabt und schufen durch Fleiß und Kreativität aus dem Nichts einen wunderschönen Ort.

Alle der rund 50 000 Einwohner waren assyrische und chaldäische Christen, bis auf zwei bis drei muslimische Familien, für die in der Zeit von Saddam Hussein eine riesige, unverhältnismäßig große Moschee mit dem Namen „Tawhid“ (dt. “Einheit Gottes“) gebaut worden war. Alle lebten friedlich zusammen – bis die Terrorgruppe IS im Juli 2014 Mossul eroberte. Die kurdischen Streitkräfte waren nicht in der Lage, die Stadt der Christen vor den Dschihadisten zu verteidigen. Deshalb blieb den Einwohnern nichts anderes übrig als zu fliehen – entweder nach Erbil, in die Hauptstadt der autonomen nordirakischen Kurdenregion, oder nach Kirkuk und weiter nach Bagdad. Viele reisten von dort weiter ins Ausland. Ohne Gegenwehr war es für die IS-Kämpfer ein Leichtes, Karakosch einzunehmen. Für sie war es ein besonderer Triumph, nun die Stadt der Ungläubigen zu besitzen und dort möglichst alle Spuren des Christentums auszumerzen. Als ihnen nach zwei Jahren Besetzungszeit klar wurde, dass sie die Stadt nicht mehr würden halten können, hatten die Terroristen nur noch ein Ziel: Sie dem Erdboden gleich und damit weiteres Leben unmöglich zu machen. Aus einer pulsierenden, modernen Stadt war eine Geisterstadt geworden, in der es nun weder Strom noch Wasser gab. Geschäfte wurden geplündert und viele der Häuser zerstört, was es den früheren Bewohnern von Karakosch schier unmöglich macht, wieder in ihre Heimat zurückzukehren.

Es ist eine bedrückende Autofahrt durch die leeren Straßen, in denen ich kaum Zivilisten sehe. Nur hier und da treffen wir auf Soldaten, die dabei sind, den Schutt und die Scherben zusammenzukehren. Die meisten von ihnen gehören zu den „Schutzeinheiten der Ninive-Ebene“ (NPU). Die NPU besteht aus etwa 500 christlichen Männern aus der Ninive-Ebene, die von den Amerikanern ausgebildet wurden[50], dazu aus Bewohnern, die zurückgekehrt sind, um ihren Ort zu schützen.

Die NPU war auch wesentlich daran beteiligt, die Stadt vom Islamischen Staat zu befreien. Ich treffe ihren Befehlshaber Abu Habib. Er erzählt mir, dass er allen Soldaten, die Karakosch zurückeroberten, befohlen hatte, die Tawhid-Moschee nicht zu attackieren. „Auch wenn all unsere zehn Kirchen zerstört wurden, will ich, dass die Moschee unversehrt bleibt. Wenn ihr sie zerstört, dann haben die Extremisten gewonnen", erklärte er ihnen – eine großartige und wahrhaft christliche Geste, die mich tief beeindruckt.

Früher, zu Zeiten des Diktators Saddam Hussein, lebten über zwei Millionen Christen im Irak. Heute sind es nur noch wenige Hunderttausend. Es ist ein Exodus aus einem Land, das zur Wiege des Christentums gehört, in dem es die ersten christlichen Gemeinden schon im 2. Jahrhundert gab und in denen Gottesdienste in den uralten Sprachen Chaldäisch, Assyrisch oder Aramäisch, der Sprache Jesu, gehalten werden.

Mehrmals pro Jahr reise ich in den Irak, nach Ägypten und in andere Länder im Nahen Osten, weil es mir wichtig ist, mit eigenen Augen zu sehen, wie es den Christen dort geht. Ich will sie ermutigen und die Botschaft zu den Menschen bringen, dass es uns in Europa nicht egal ist, wenn sie leiden und dass wir für sie beten. Aufgrund meiner eigenen Geschichte habe ich ein Herz für verfolgte und unterdrückte Menschen.

Man sollte dokumentieren, was dort seit einigen Jahren passiert: Dass der Nahe Osten vor unseren Augen systematisch von Christen und anderen Minderheiten gesäubert wird. Gleichzeitig darf man aber nicht vergessen, dass die meisten Opfer des IS nicht in erster Linie Christen sind, sondern die Muslime selbst. Den schiitischen Muslimen und Jesiden erging es sogar noch schlechter, als die Dschihadisten Mossul im Juli 2014 einnahmen. Den Christen gaben die IS-Besatzer wenigstens drei Optionen: Sie konnten wählen, ob sie eine Kopfsteuer zahlen und als Bürger zweiter Klasse ihren Glauben behalten, ob sie konvertieren und Muslime werden, oder ob sie sich umbringen lassen wollten. Schiiten und Jesiden dagegen galten nicht wie Juden und Christen als „Leute des Buches" und hatten deshalb keinen Anspruch auf eine Kopfsteuer. Sie wurden sofort umgebracht.

Unser Wagen hält. Mitten auf der Straße liegt das Auto eines Attentäters, das einem selbstgebauten Panzer gleicht. Die Fenster und Reifen wurden mit verschweißten Stahlplatten verbarrikadiert. So konnte keine Schusswaffe den Attentäter auf seiner Todesfahrt aufhalten. Erst ein Luftangriff stoppte diese Exekutionsmaschine des IS-Terroristen kurz vor Erreichen ihres Ziels.

Auf einmal steigt mir zwischen all den Trümmern und Ruinen der Duft von frisch gebackenem Fladenbrot in die Nase. Mitten in der zerstörten Stadt entdecke ich eine Bäckerei. In ihr steht ein Mann, der eine Tarnhose trägt und sich ein rotes Palästinensertuch um den Kopf gewickelt hat. Im Akkordtempo nimmt er die rautenförmigen Teiglinge in die Hand, die auf dem Tisch liegen und legt sie auf eine Platte, die sich in der Hitze des Ofens dreht. Auf dem Rücken trägt er eine Kalaschnikow, damit er sich jederzeit verteidigen kann, wenn aus einem der unterirdischen Tunnelsysteme ein IS-Kämpfer auftaucht oder es zu einem unerwarteten Angriff kommt.

Abu Yusuf gehört zu der ersten Handvoll von Familien, die es wagten, in ihren Heimatort zurückzukehren. Der vierfache Vater wohnt mit seiner Familie in seinem zerstörten Haus und backt jeden Tag 500 Brote für die Soldaten der Armee und die christlichen Milizen. Dieser Mann kehrte in seine Heimatstadt zurück, die nur noch aus Ruinen besteht, in jeder Ecke noch die Auswirkung von Hass und Vernichtung erkennbar. Doch statt sich von Gefühlen wie Wut und Trauer überwältigen zu lassen und seine Existenz aufzugeben, betreibt er eine Bäckerei, damit das Leben weitergehen und seine Stadt wieder aufgebaut werden kann. Statt wie die Dschihadisten Häuser anzuzünden, heizt er seinen Ofen, statt Bomben zu basteln backt er Brot. Er liebt nicht den Tod, sondern das Leben, weil er Jesus nachfolgt, der von sich sagt: „Ich bin das Brot des Lebens.“[51]

Abu Yusuf ist für mich ein „Mann des Friedens“, ein Friedensstifter. Gerade in Kriegsgebieten und instabilen Ländern sollte man versuchen, solche Friedensstifter zu finden und sie zu stärken. Auch in Deutschland sage ich zu Menschen, die in der Flüchtlingsarbeit tätig sind: „Lasst euch bei eurer Arbeit nicht davon frustrieren, dass es die unbelehrbaren Integrationsverweigerer gibt oder Menschen, die eine fordernde Haltung haben und euch gegenüber undankbar sind. Sondern sucht die Friedensleute, die hier ankommen und sich integrieren wollen – und fördert diese gezielt."

Hoffnung im Angesicht des Todes

Mein vorangegangener Besuch im Irak fand genau zu der Zeit statt, als der IS begann, die Christen aus Mossul zu vertreiben. Dort konnte ich also nicht hin. Gemeinsam mit einem chaldäischen Priester war ich in dieser Zeit in Zaxo unterwegs, einer Stadt an der Grenze zur Türkei, die zur autonomen Region Kurdistan im Irak gehört. Dort befanden sich viele Flüchtlinge, die bereits vor dem Terror der Dschihadisten geflohen waren. Mein Besuch galt ihnen. Andauernd klingelte das Handy des Priesters, der mit Menschen aus seiner Gemeinde und anderen telefonierte, die aus Mossul geflohen waren. Aus der Ferne versuchte er, in diesem absoluten Ausnahmezustand so gut es ging zu helfen. Manche begriffen erst jetzt den Ernst der Lage, nachdem der IS ihre Häuser mit den arabischen Buchstaben „Nun" für *nazari*, Christen, markiert und die irakische Armee sich zurückgezogen hatte. Jetzt gerieten sie in Panik. Auf der Straße Richtung Erbil stauten sich die Autos der fliehenden christlichen Familien kilometerweit.

Wieder klingelte das Handy des Priesters. Ein Mann aus seiner Gemeinde rief ihn an, ich konnte seine verzweifelte Stimme selbst auf die Entfernung hören. Erst sehr spät hatte er Mossul mit seiner Familie verlassen, weil seine Frau kurz vor der Entbindung stand und es ihr gesundheitlich sehr schlecht ging. Ein Auto besaß die Familie nicht. Zu Fuß waren sie Richtung Kirkuk geflohen, damit seine Frau möglichst rasch dort in ein Krankenhaus gehen konnte. Diese

Gegend war jedoch sehr gefährlich, da sich die kurdische Peschmerga gerade von dort zurückgezogen und den IS-Kämpfern das Gebiet überlassen hatte. „Kannst du uns mit deinem Bus entgegenfahren?", bat der Familienvater. „Meine Frau liegt im Sterben, sie braucht dringend einen Arzt!" „Ich komme!", versprach er ohne zu zögern und sagte mit einem Blick zu mir: „Wenn ich nicht zu ihnen fahre und helfe, dann hat der Hass gewonnen." Ich entschied mich, ihn zu begleiten, um der Familie zu helfen. Noch nie hatte ich solche Angst um mein Leben wie in den Stunden, in denen wir mit dem Kleinbus durch die Wüste fuhren. Fast panisch dachte ich an meine Frau und meine Kinder zu Hause in Deutschland, doch ich konnte diesen verzweifelten Familienvater nicht im Stich lassen. Ich war mir nicht sicher, ob wir diese Fahrt überleben würden. Denn neben den IS-Kämpfern gab es in dieser Gegend auch IS-Sympathisanten, die ebenfalls bereit waren, Christen zu töten. Und dann waren da noch Kriminelle, die die unüberschaubare Situation ausnutzten und über Leichen gingen, um an Autos und andere wertvolle Güter zu kommen. Drei Stunden fuhren wir durch deren Gebiete. Dann endlich entdeckten wir die Familie am Straßenrand in der Nähe des kleinen Wüstendorfes Hatarah. Die Frau lag im Schatten eines großen Baumes auf dem Boden. Die drei Kinder im Alter von sieben, neun und elf Jahren standen apathisch um sie herum. Sie konnten den Blick nicht von ihrer Mutter abwenden, der Jüngste weinte. „Mama, Mama", schrie er unentwegt. Als ich auf den Vater zuging und in sein Gesicht sah, wurden meine Befürchtungen bestätigt: Wir kamen zu spät, die Mutter hatte nicht überlebt – aber das Kind. Erst jetzt bemerkte ich neben der Frau einen Korb, in dem das neugeborene Baby in ein Tuch gewickelt lag und leise wimmerte.

Das Gesicht dieser Frau werde ich nie vergessen: Es sah friedlich aus, gefasst. Mit ihren Händen umklammerte sie ein Kreuz, das sie an einer Goldkette um den Hals trug. In diesem Moment war jedes Wort fehl am Platz, und erst recht jedes über Gott und den Glauben. Alles in mir zog sich zusammen. Wie dieser Ehemann und Vater in diesem Augenblick empfinden musste, konnte ich nur erahnen. Eine Mischung aus Wut und Verzweiflung stieg in mir auf: Oh Gott, es konnte doch nicht sein, dass der Hass gewonnen hatte! Der Priester betete mit leiser Stimme ein Totengebet und bekreuzigte sich. Als das Neugeborene anfing, herzzerreißend zu brüllen, nahm der Vater es auf seinen Arm, wiegte es hin und her und stimmte mit tiefer, trauriger Stimme ein Lied an: „In Christus allein liegt meine Hoffnung"[52], sang er. Seine Stimme zitterte erst, aber sie wurde immer fester. Sein Gesicht, das von Trauer gezeichnet war, entspannte sich zunehmend. Er hätte die Menschen hassen und verfluchen können, die dafür verantwortlich waren, dass er sein Haus verlassen musste und seine Frau keine ärztliche Hilfe erhalten hatte. Aber sein Glaube an Christus gab ihm Halt und Hoffnung.

Wie oft hatte ich dieses Lied zuvor schon gesungen, doch hier, mitten in der Wüste, unter diesem Baum, bekam es für mich eine völlig neue Bedeutung: Die Liebe hatte letztendlich doch über den Hass gesiegt.

Eine traumatisierte Minderheit: Die Jesiden

Mehrere Jahre nachdem der IS zurückgedrängt wurde, ist klar: Nicht nur Christen haben im Irak unter dem IS gelitten, sondern auch andere Minderheiten, wie die Jesiden, die sich selbst „Êzîden" schreiben. Sie müssen im Blick sein und ihre Sicherheit und Religionsfreiheit gewährleistet werden.

Weltweit bekennen sich mindestens 800 000 Menschen zum jesidischen Glauben, einer monotheistischen Religion, deren Wurzeln bis 2000 Jahre vor Christus zurückreichen.

Zentrale Figur ist neben dem „Engel Pfau", der von den Jesiden als Stellvertreter Gottes auf Erden verehrt wird, der Schöpfergott „Ezid". Das Jesidentum hat keine verbindliche religiöse Schrift, sondern wird mündlich überliefert. Jesiden glauben an die Seelenwanderung und Wiedergeburt und kennen die Vorstellung von einem Teufel nicht und lehnen deshalb den Dualismus von Teufel und Gott sowie die Vorstellung von Hölle und Paradies ab.

Die Jesiden zählen sich überwiegend zur Volksgruppe der Kurden. Traditionell ansässig ist die Gemeinschaft in der Sindschar-Region (kurdisch: Shingal) im Nordirak. Ihr religiöses Heiligtum Lalisch liegt etwa 170 Kilometer nördlich der Millionenstadt Mossul.

Das Jesidentum ist eine sehr friedliche Religion. Dennoch werden Jesiden immer wieder verfolgt und diskriminiert. Fanatische Muslime sehen die Gemeinschaft als Sekte und die Mitglieder als „Teufelsanbeter" an, weil in der jesidischen Religion der „Engel Pfau" eine bedeutende Rolle spielt. Im Koran wird die Figur als gefallener Engel bezeichnet.[53]

Am 3. August 2014 hatte der IS die Heimat der Jesiden am Sindschar-Gebirge überfallen, Tausende Männer wurden getötet, Frauen und Kinder verschleppt, unter anderem nach Syrien. Jesidinnen wurden systematisch vergewaltigt. Mehr als 2700 von ihnen befinden sich Schätzungen zufolge neun Jahre später noch immer in der Gewalt von Islamisten.

Die jesidische Gemeinschaft ist traumatisiert: Die Frauen leiden, weil sie schlimmste Verbrechen erlebt haben. Sie werden in die jesidische Gesellschaft wieder aufgenommen, nicht aber ihre Kinder, die durch die Verbrechen entstanden sind und die aus Sicht der irakischen Regierung als Muslime gelten.

Die Jesiden fühlen sich von der kurdischen Regierung alleingelassen, weil sie sich aus ihrer Sicht zu wenig für ihre Sicherheit einsetzt: Obwohl Christen mittlerweile die Möglichkeit haben, in ihre vom IS befreiten Dörfer zurückzukehren, sind die Jesiden im Sindschar immer noch nicht sicher und leben größtenteils noch in Flüchtlingslagern statt in ihren Heimatdörfern. Zwar wurde der IS offiziell besiegt, doch die Ideologie, die gewisse Leute immer noch dazu bewegt, Jesiden anzugreifen, lebt weiter.

Auch wenn ich betonen muss, dass die kurdische Regierung wie kaum eine andere in der Region Religionsfreiheit gewährleistet, und vieles dort sehr positiv läuft, schafft diese es in vielen Fällen nicht, Jesiden die Sicherheit zu garantieren, die sie brauchen.

Dabei ist die Sindschar-Region so zentral für die Jesiden wie Jerusalem für die Juden. Das Erbe dieser friedlichen Religion kann verloren gehen, wenn die Jesiden ihre Religion nicht in ihrem Heiligtum in Sicherheit ausleben können.

Vorbildlich war für mich damals die Initiative aus Baden-Württemberg, die im Jahr 2015 rund 1000 jesidische Frauen und Kinder aufgenommen hatte, die aus IS-Gefangenschaft entkommen waren. Darunter war auch Nadia Murad, die für ihren Kampf gegen sexuelle Gewalt als Kriegsmittel 2018 den Friedensnobelpreis erhielt.

Im Vorfeld wurden die betroffenen Frauen unter der Federführung von Michael Blume, dem jetzigen Antisemitismusbeauftragten der baden-württembergischen Landesregierung, von dem Traumatologen und Psychologen Professor Jan Ilhan Kizilhan interviewt und diejenigen ausgewählt, die besonders dringend psychologische Hilfe brauchten.

Diesen Ansatz, gezielt einer besonders schutzbedürftigen Gruppe zu helfen, finde ich sehr gut. Problematisch war meiner Meinung nach allerdings, dass diese Frauen dadurch aus ihrem Umfeld herausgerissen wurden. Bei aller guten Therapie, die sie erhalten haben, gehört der geschützte Rahmen der Familie und der Gesellschaft zur seelischen Gesundung dazu. Eine junge Jesidin, mit der ich im Irak sprach, war aufgrund des Sonderkontingents vier Jahre lang in Deutschland und dort auch in Therapie. Allerdings konnte sie sich nicht auf ihre Gesundheit konzentrieren, da ihre Mutter und ihre Schwester damals noch in den Händen des IS waren. Als diese freikamen, ging sie freiwillig wieder in das kurdische Flüchtlingslager zurück. Sie teilt sich mit ihrer Mutter und ihrer Schwester dort nun ein Zelt. Alle sind noch traumatisiert. Oft schweigen sie und starren in die Luft. Aber sie sind wieder vereint.

Eigentlich wäre nun der bessere Zeitpunkt gewesen, um diesen drei Frauen gemeinsam zu helfen. Denn bei aller Hilfe, die wir leisten können: Eine Familie kann kein Staat ersetzen.

Ich bin der Überzeugung, dass es nun an der Zeit ist, die Familien und Frauen vor Ort zu unterstützen und psychologisch zu begleiten. Aber da die Situation dort immer noch unsicher ist, ist es sehr schwer, langfristig zu planen. Doch sie haben es verdient, dass man ihre Probleme sieht und handelt.

Das jesidische Oberhaupt Sheikh Baba sagte mir, dass es für die jesidische Gemeinschaft sehr schlimm sei, dass die Dörfer immer leerer werden und viele Menschen nach Deutschland auswandern. So werde das jesidische Volk, das immer nur unter sich heiratet, aussterben, befürchtet er. Auch seine Perspektive ist verständlich und wir sollten sie nicht ignorieren. Wichtig wäre, eng mit der kurdischen Regierung im Irak zusammenzuarbeiten, um das Herkunftsgebiet der Jesiden endgültig zu sichern, damit eine Rückkehr möglich ist für die, die es sich wünschen.

Und bis dahin sollte Deutschland alles tun, um den Jesiden in unserem Land zu helfen: Ich begrüße es, dass im Januar 2023 der Bundestag sich dazu entschieden hat, als erstes Parlament eines großen europäischen Staates die Massaker der Terrormiliz Islamischer Staat auf die jesidischen Dörfer im Nordirak als Völkermord anzuerkennen.

Doch es kann dann nicht sein, dass laut Zahlen des Bundesamtes für Migration und Flüchtlinge im Jahr 2022 von insgesamt 4706 Asylprüfungen des Bundesamtes zu Jesiden aus dem Irak 2420 mit einer Ablehnung endeten. Das geht aus einer Antwort der Bundesregierung auf eine Anfrage der Linken Bundestagsabgeordneten Clara Bünger hervor.[54] Überlebende des Genozids sollten nicht trotz des Schutzversprechens des Bundestages eine Abschiebung befürchten müssen. Diese traumatisierten Menschen brauchen Sicherheit, solange ihre Heimat für eine Rückkehr zu unsicher ist.

Ich habe selbst Jesiden betreut, deren Asylantrag mit der Begründung abgelehnt wurde, es gebe in Kurdistan wieder Sicherheit. Tatsächlich ist die Situation dort allerdings kompliziert: Auf der einen Seite ist der Zustand in Kurdistan besser als in vielen arabischen Ländern, und die kurdische Regierung schützt Minderheiten wie Christen, aber eine pauschale Sicherheitsgarantie dafür, dass Jesiden in ihren Heimatorten sicher leben können, gibt es noch nicht. Und auch im Alltag können Jesiden dort Diskriminierung erleben. Immer wenn ich im Irak bin, treffe ich eine jesidische Familie, die mir erzählt, dass manche Leute, die sie zu Hause besuchen, das von ihnen angebotene Essen ablehnen, weil sie sie als „unreine Teufelsanbeter" stigmatisieren.

Im Irak ist das Leben für alle Menschen nicht einfach. Allerdings sind die Jesiden am traurigen Ende der Skala, ihnen geht es am schlechtesten.

Letztlich geht es mir bei den Jesiden im Irak auch ums Prinzip: Ich glaube, man kann eine Mehrheit immer daran messen, wie sie mit Minderheiten umgeht. Auch für eine friedliche, schutzbedürftige Gruppe wie die Jesiden gilt Religionsfreiheit und das Recht, im Sindschar und natürlich auch in Deutschland ihren Glauben zu leben.

Eine Predigt am Ort der friedlichen Revolution

Oft habe ich den Eindruck, dass sich unsere Gesellschaft an die Freiheit gewöhnt hat und gar nicht mehr wertschätzt, was für ein hohes Gut sie ist. Es scheint in Vergessenheit zu geraten, wie hart sie auch in unserem Land erkämpft werden musste.

Am 9. Oktober 2016 hatte ich die Ehre, in der Leipziger Nikolaikirche die Predigt zum Jahrestag der Friedlichen Revolution zu halten. Am Ende des 20. Jahrhunderts, das durch beispiellose Gewalt im Ersten und Zweiten Weltkrieg geprägt war, ebenso wie durch die gnadenlose Vernichtung des Volkes, aus dem Jesus geboren wurde, und durch ein langjähriges sozialistisches Regime in Teilen Deutschlands, wurde hier ein Friedenszeichen gesetzt – mit Gebet und der friedlichen Revolution.

Menschen versammelten sich und beteten für Frieden. Aber sie beließen es nicht dabei, sondern verließen die Kirchen und gingen für ihr Anliegen 1989 auf die Straße. Ganz im Sinne Jesu verzichteten sie dabei auf Gewalt und erreichten so ihr Ziel.

Dass ich als gebürtiger Sudanese an diesem historischen Ort auf der Kanzel stehen durfte, war sehr bewegend: Es ist für mich nicht selbstverständlich, dass ich nun selbst Frieden predigen kann, nachdem ich jahrelang mit Gedanken des Hasses indoktriniert wurde.

Deutschland ist für mich ein Hoffnungszeichen und der Beweis, dass eine Wiedervereinigung ohne Gewalt möglich ist. Auch ich stamme aus einem geteilten Land und wünsche mir für den Sudan eine friedliche Wiedervereinigung. Was in Deutschland Geschichte ist, ist in vielen Ländern dieser Welt Gegenwart – besonders im Nahen Osten. Darum fliehen viele Menschen wie ich nach Europa, weil wir uns nach Freiheit und Frieden sehnen, wonach sich die Menschen hier einst auch gesehnt und was sie erbeten haben. Vor diesem Hintergrund wundert es mich noch mehr, dass deutsche Politiker Regierungen unterstützen, die heute noch immer so ähnlich agieren wie das Unrechtsregime der DDR.

Ich habe den Eindruck, unsere Welt weiß nicht mehr wirklich, wie man Frieden schaffen kann. Wir führen Kriege und exportieren Waffen, statt die Idee der friedlichen Revolution und der freiheitlichen Werte zu verbreiten.

Und die, die derzeit auf friedliche Weise für freiheitliche Werte kämpfen, haben wir meiner Ansicht nach zu wenig im Blick: Seit September 2022 gibt es im Iran Proteste, vorwiegend von Frauen, gegen die politische Führung im Land. Der Tod der 22-jährigen Kurdin Jina Mahsa Amini, die nach ihrer Verhaftung durch die sogenannte Sittenpolizei starb, war Anlass der Proteste. Seitdem sind bei Demonstrationen Hunderte Menschen getötet und Tausende festgenommen worden.

Es entsetzt mich sehr, wie man mit den Frauen umgeht, und das ist selbst in einem islamistischen Mullah-Regime weder kulturell noch religiös akzeptiert.

Doch die Frauen lassen sich nicht unterkriegen. Weil sie keine Perspektive haben, gibt es für sie nichts zu verlieren. Was hier vor sich geht, ist eine Revolution und ich glaube, dass dies das Ende des Mullah-Regimes sein wird. Ich hoffe auf mehr Solidarität mit den Frauen, die auf der richtigen Seite der Geschichte stehen, und wünsche mir, dass die Internationale Gemeinschaft sie noch mehr unterstützt.

Zwischen den Welten – Der schwere Stand der Konvertiten

Wenn ein Muslim zum Glauben an Jesus kommt und diesen öffentlich leben will, ist das ein riesiger Schritt: Denn er verliert auf einen Schlag seine „*umma*", die islamische Gemeinschaft. Das ist sehr hart, vor allem, wenn man wie ich aus einer kollektiven Gesellschaft kommt, in der die Gemeinschaft eine wichtige Rolle spielt.

Das Traurige ist, dass es für diese entwurzelten Menschen, wenn sie in islamisch geprägten Ländern leben, besonders schwierig bis sogar unmöglich ist, in bestehenden christlichen Gemeinden eine Heimat zu finden.

So ging es auch Abdelaziz. Er studierte Islamische Theologie an der ägyptischen Al-Azhar-Universität und begann im Verlauf des Studiums verschiedene Dinge zu hinterfragen, die dort gelehrt wurden. Je mehr Fragen er sich stellte, wie zum Beispiel nach der Glaubwürdigkeit der islamischen Überlieferung (*hadithe*) oder dem Verhältnis der Muslime zu den Christen, desto verwirrter wurde er. Er begann, sich dem christlichen Glauben zuzuwenden, und erlebte dort Gott auf eine Weise, wie er ihn zuvor noch nicht erfahren hatte. Deshalb entschied er sich, Christ zu werden. Nachdem er öffentlich über seinen Glauben gesprochen hatte, verstieß sein Vater ihn aus der Familie. In Oberägypten, wo seine Familie lebt, ist die Frage der Ehre noch wichtiger als in der ägyptischen Hauptstadt. Weil Abdelaziz sich vom Islam verabschiedet hatte und das auch öffentlich kundtat, sah sein Vater sich gezwungen, diesen Schritt zu gehen.

Als Abdelaziz einige Zeit später erfuhr, dass sein Vater verstorben war, wagte er das riskante Unterfangen, seine Familie zu besuchen. Er wollte nicht länger mit der andauernden Angst leben, dass ihm etwas angetan würde, wenn er auf seine Familie träfe. Als er bei seiner Familie ankam, rief er deshalb sofort seinem älteren Bruder, der nun das Familienoberhaupt war, entgegen: „Entscheide dich, bring mich jetzt um, oder lass mich für immer leben!" Und das Wunder geschah: Sein Bruder akzeptierte seine Entscheidung. Die Familie versöhnte sich bei einem gemeinsamen Essen mit ihm und die Beziehung normalisierte sich wieder.

Nun war zwar seine familiäre Situation geklärt, aber ein weiteres großes Problem blieb: seine christliche Gemeinde. Er fand seinen Platz in einer großen christlichen Kirche in Kairo, die ihn zwar getauft hatte, ihm allerdings keinen Taufschein gab, um sich keinen Ärger mit staatlichen Behörden oder der Familie einzuhandeln.

In der Gemeinde lernte er junge Frauen kennen, doch keine der koptischen Familien stimmte einer Verlobung zu. Er merkte: Keine christliche Familie wird bereit sein, ihm seine Tochter zur Frau zu geben, weil es als Schande für die Familie gilt, in eine muslimische Verwandtschaft hineinzuheiraten. Auch wenn das sehr zu verurteilen ist: Man kann die Prägungen, Erfahrungen und Traditionen der koptischen Christen nicht über Nacht ändern.

Glücklicherweise lernte Abdelaziz eine Frau kennen, die wie er einen muslimischen Hintergrund hat. Ihr Vater wollte zunächst, dass sie in der Moschee heiraten, was die beiden ablehnten. Als er endlich zustimmte, dass die beiden in der Gemeinde ihre Hochzeit feiern können, bekam der dortige Pastor es mit der Angst zu tun und erlaubte ihnen keine große öffentliche Trauung. Schließlich ließen sie sich von ihm in einem Nebenraum der Gemeinde trauen – wieder ohne kirchliche Papiere oder Standesamt. Sie haben nun bereits einen Sohn, der wegen fehlender Papiere als uneheliches Kind gilt, was im Nahen Osten kein leichter Status für ein Kind ist.

Für Menschen wie Abdelaziz haben wir, eine Gruppe von Christen mit muslimischem Hintergrund, „Communio Messianica"[55] gegründet. Die neue, weltweite kirchliche Gemeinschaft ist ein globales Netzwerk, dem ich vorsitze.

In den vergangenen 20 Jahren haben Hunderttausende von Muslimen zum Glauben an Jesus gefunden – so viele wie nie zuvor in der Geschichte. Diesen Menschen, die oft keine geistliche Heimat finden konnten, will „Communio Messianica (CM)" eine globale kirchliche Familie sein und ihnen eine Zugehörigkeit und Stimme geben.

Diese neue internationale christliche Gemeinschaft von „Gläubigen mit muslimischem Hintergrund", auf Englisch „Muslim Background Believers" (MBB), ist im Gespräch mit den wichtigsten Vertretern der großen christlichen Kirchen weltweit auf lokaler und auch internationaler Ebene, um von ihnen anerkannt zu werden. Es freut mich sehr, dass CM nun mit der anglikanischen Kirche kooperiert und von dieser anerkannt ist. Da diese auf jedem Kontinent vertreten ist, ist es uns eine große Hilfe, unter ihrem Dach, aber dennoch selbstständig, arbeiten zu dürfen. Ich bin seit einiger Zeit auch ordinierter anglikanischer Priester und darf im Namen der anglikanischen Kirche taufen und Taufurkunden ausstellen. Das erleichtert unsere Arbeit enorm.

Außerdem steht „Communio Messianica" in regelmäßigem Kontakt mit MBB-Gemeindeleitern und deren Gemeinden in 79 Ländern. Unser internationaler Rat, der CM leitet, besteht aus 13 MBBs mit türkischem, arabischem und iranischem Hintergrund, und Menschen aus West- und Ostafrika. Wir können kaum finanzielle Unterstützung anbieten, aber dafür Zugehörigkeit und ein Netzwerk.

Es war längst überfällig, eine kirchliche Vertretung für Konvertiten aufzubauen. Mittlerweile sind die Konvertitengemeinden nach der koptischen Kirche die zweitgrößte christliche Gruppe im Nahen Osten. Dies liegt auch daran, dass viele orientalische Christen aus ihrer Heimat auswandern und ihre Zahl abnimmt, die der Konvertiten dagegen wächst. Viele orientalische Kirchen haben aus Sicherheitsgründen Angst, Konvertiten in ihre Gemeinschaft aufzunehmen. Ehemalige Muslime können in den meisten islamischen Ländern nicht legal Kirchenmitglieder werden, da Konversion verboten ist.

Im Libanon ist die Lage anders. Es ist das einzige arabische Land im Nahen Osten, in dem per Gesetz tatsächliche Religionsfreiheit herrscht, und damit auch Konversionen möglich sind. Hürden bestehen dort im Bereich von kirchlichen Strukturen. So werden konvertierte Pastoren nicht ordiniert und MBB-Gemeinden dürfen nicht dem dortigen „Kirchenrat des Mittleren Ostens" angehören.

Seit Jahren versuche ich, mit dem Kirchenrat darüber zu verhandeln, dass MBB-Kirchengemeinden dort aufgenommen werden. Sie sind zahlenmäßig im Libanon teilweise größer als manch evangelische Gemeinden. Ich finde es ist traurig, wenn MBBs als „Zweite-Klasse-Christen" leben müssen, nur weil sie oder ihr Pastor einen muslimischen Namen haben.

Als „Communio Messianica" ist unser erstes Ziel, MBBs in bestehende Gemeinden zu integrieren. Ist das nicht möglich, kümmern wir uns um diejenigen Christen, die keinen Zugang zu einer christlichen Gemeinde finden.

Manche Christen mit muslimischem Hintergrund leben völlig isoliert, weil es die Umstände nicht zulassen, eine christliche Gemeinde zu besuchen. Dies kann zum Beispiel dann der Fall sein, wenn sie dafür ihre Kultur und ihr Umfeld verlassen müssten. Für sie haben wir das Angebot einer „Digitalen Kirche" geschaffen. Hier finden sogar Abendmahl und Taufe online statt.

Für diese Christen ist diese „Digitale Kirche" die einzige Möglichkeit, überhaupt Gemeinschaft mit Glaubensgeschwistern zu erleben und zu merken, dass sie keine Exoten sind, sondern es auch andere Menschen in ähnlicher Situation gibt. Bei den wöchentlichen Internettreffen am Freitag kommen frischgebackene Christen aus den unterschiedlichsten Ländern zusammen, können sich in sicheren Chats austauschen und die Livestream-Gottesdienste besuchen. In meiner Gottesdienstgruppe, an der regelmäßig mehrere hundert Konvertiten teilnehmen, ist zum Beispiel auch ein Mann dabei, der direkt bei der Kaaba in Mekka wohnt, oder jemand aus dem Hisbollah-Viertel in Beirut. Selbst ein Touarek aus Südlybien sitzt in seinem Zelt und nimmt per Satellitenverbindung an den Gottesdiensten teil – Gott sei Dank, dass es diese technischen Möglichkeiten gibt!

Unsere Online-Gottesdienste feiern wir nach einer Liturgie, die speziell auf die Bedürfnisse der MBBs abgestimmt ist. Eine feste Liturgie ist für ehemalige Muslime besonders wichtig. Gesang oder ein zu freier Stil wären anfangs zu befremdlich für sie. Stattdessen ist bei unseren Gottesdiensten das apostolische Glaubensbekenntnis zentral, ebenso wie die „Jesus-Sunna“, wie ich sie nenne, Worte Jesu Christi, die auswendig gelernt werden. Auch das Vaterunser und das „Hohepriesterliche Gebet“ Jesu aus Johannes 17 oder die Bergpredigt sind fester Bestandteil der Online-Gottesdienste.

Langfristig ist es das Ziel von CM, Pastoren auszubilden, die selbst Konvertiten sind. Dafür bieten wir in der Akademie für Weltmission in Korntal ein kontextualisiertes Programm auf Arabisch an, das Menschen aus ganz Europa und darüber hinaus theologisch weiterbildet und auch für die speziellen Bedürfnisse der Konvertiten sensibilisieren will. Das Programm besteht aus Online- und Präsenzkursen und ist vor allem für Menschen gedacht, die keinen normalen Zugang zu theologischen Fakultäten haben, weil ihnen die Sprache oder Qualifikation fehlen.

Doch zurück zu Abdelaziz: Er ist jetzt engagiertes Mitglied bei „Communio Messianica“ und freut sich über die Gemeinschaft, nach der er sich lange gesehnt hat, und die sich nicht für seinen Hintergrund schämt. Sein Wunsch ist, dass er einen Taufschein bekommt und seine Frau offiziell christlich heiraten kann. Außerdem möchten wir als CM uns für ihn und andere einsetzen, deren Regierungen Christen mit muslimischem Hintergrund noch nicht als Christen anerkennen, also unter anderem eine Änderungen der Religionszugehörigkeit im Pass noch nicht zulassen.

Und wenn Abdelaziz ein Unrecht geschieht oder er durch Schwierigkeiten geht, wollen wir uns öffentlich für ihn einsetzen. Es ist gut, dass es Organisationen wie „Amnesty International" oder christliche Aktivisten gibt, die sich für Menschen stark machen, die wegen ihres Glaubens Menschenrechtsverletzungen erleiden müssen. Aber zuallererst sollte es die Aufgabe der Kirche sein, dies zu tun.

Wir Konvertiten wollen nicht mehr anonym bleiben. Wir wollen als „Communio Messianica" die Stimme, Lobbyistin, und Selbstvertretung für diese Christen aus muslimischem Umfeld sein und ihnen zeigen: „Du bist nicht alleine!"

Religionsfreiheit als Menschenrecht

Ich bin froh, in meiner Wahlheimat Deutschland Religionsfreiheit genießen zu können. Glücklicherweise gibt es sie in ganz Europa, und in vielen europäischen Kirchengemeinden sind Konvertiten bestens integriert. Doch wenn wir für Religionsfreiheit sind, dann sollten wir uns dafür auch weltweit einsetzen. Von unseren deutschen Politikern wünsche ich mir, dass sie dies tun und die islamischen Länder herausfordern, tatsächliche Religionsfreiheit zu leben. Viele von ihnen haben sich mit der Unterzeichnung der Allgemeinen Erklärung der Menschenrechte in Artikel 18 bereits dazu verpflichtet.

Ich musste selbst bitter erfahren, was es bedeutet, in einem Land zu leben, in dem keine Religionsfreiheit herrscht. Darum wünsche ich mir ich, dass jeder die Freiheit hat, selbst zu entscheiden, was er glauben möchte und was nicht.

Gott hat uns als freie Wesen geschaffen und wir können niemandem diktieren, was er zu glauben oder nicht zu glauben hat. Es sollte auch unsere Beziehung untereinander nicht beeinflussen, wenn jemand andersgläubig ist.

Ich bin überzeugt: Der Gradmesser für tatsächliche Religionsfreiheit ist Konversion. Denn zur Religionsfreiheit gehört es auch, seine Religion wechseln oder verlassen zu können.

Insofern steht es uns Konvertiten zu, zu sagen: „Ich will nicht mehr Muslim sein." Und das ist keine Kriegserklärung von unserer Seite an den Islam. Muslime sind immer noch unsere Familie und Freunde – Menschen, die wir lieben.

Glauben Christen und Muslime an denselben Gott?

Immer wieder werde ich bei Vorträgen gefragt, ob Christen und Muslime meiner Meinung nach an denselben Gott glauben. Auch persönlich habe ich lange mit dieser Frage gerungen, da es mir helfen würde, meine frühere Identität als Muslim und meine jetzige als Christ zu verbinden, wenn das der Fall wäre.

Betrachten wir nur den Begriff „Gott", dann kann das für Verwirrung sorgen. Denn er wird sowohl für den Gott des Islam als auch für den christlichen Gott verwendet. Auch „Allah" ist kein islamisches Wort, sondern heißt einfach nur „der Gott". Arabische Christen beten ebenso wie Muslime zu „Allah". Doch reden beide Religionen deshalb von demselben Gott?

Ich glaube: Nein. Denn schaut man sich die Person Jesu an, wird klar, dass das Gottesbild in den beiden Religionen sehr unterschiedlich ist. Christen glauben, dass Jesus Gott selbst ist – eine Aussage, die Muslime nie teilen würden.

Zwar spielt Jesus auch im Islam eine überragende Rolle: In 15 Suren und 108 Versen des Korans kommt das Wort 'Isa (= Jesus) vor.

Aus diesem Grund kenne ich zwar einige Muslime, die mit dem Christentum ein Problem haben, aber keinen einzigen Muslim, der die Existenz Jesu infrage stellen würde. Denn Jesus ist im Islam ein Prophet, der Wunder tat: So soll er schon als Baby gesprochen haben, Blinde und Aussätzige geheilt und sogar Menschen vom Tod erweckt haben (Sure 5,110). Außerdem war er fehlerlos und wurde von der Jungfrau Maria (Sure 19,19-20) geboren.

Ja, Muslime sind sogar ebenfalls davon überzeugt, dass Jesus ein zweites Mal auf die Welt kommen wird. Allerdings wird in den Hadithen überliefert, dass diese Wiederkunft anders sein wird als von Christen erwartet: Jesus wird dann Muslim sein, den Antichristen umbringen, alle Schweine vernichten und das Kreuz zerstören.

Der größte Unterschied ist und bleibt aber, dass der Koran vehement ablehnt, dass Jesus Gottes Sohn ist und gekreuzigt wurde (vgl. Sure 4, 157-158).

Außerdem hat der Islam ein anderes Bild von der Sohnschaft Jesu, nämlich, dass Jesus bei einem Geschlechtsakt von Gott mit Maria gezeugt wurde. Doch das ist nicht die Sicht des Christentums, die davon ausgeht, dass Maria allein durch Gottes Geisteskraft schwanger wurde.

Die Sicht des heutigen Christentums ist ebenso nicht, dass die Trinität aus Gott, Jesus und Maria besteht, wie es im Koran heißt. In der Zeit der Entstehung des Islams war das Christentum sehr zerstritten und es gab viele häretische Ansichten, die vielleicht auch der islamische Prophet Muhammad hörte und wovon er sich abgrenzte. Doch im Dialog muss klargemacht werden, dass ein solches Trinitätsverständnis nicht dem der heutigen Christenheit entspricht.

Der Islam kennt auch nicht die Vorstellung, dass Gott in Raum und Zeit kommen kann und dass Gott ein Vater ist. Mein leiblicher Vater sagte damals zu mir nach meiner Hinwendung zu Jesus: „Du bist nicht mehr mein Sohn!“ Worte, die auf mich traumatisierend wirkten. Trost fand ich, als ich das Vaterunser sprach und erlebte, dass ich in Gott einen Vater im Himmel gefunden hatte.

Aus diesen Gründen spricht mehr dagegen als dafür, dass Muslime und Christen an denselben Gott glauben. Ja, wir glauben beide an den Schöpfer des Himmels und der Erde, aber es bringt uns nicht weiter, wenn wir nicht auch ehrlich ansprechen, dass die zentrale Botschaft, die allerwichtigste Glaubensüberzeugung im Christentum von der islamischen Lehre abgelehnt wird: ein Gott, der sich in Jesus Christus offenbart hat, der in Jesus Mensch geworden und am Kreuz gestorben ist, um die Menschheit mit sich zu versöhnen. Ein solcher Gott existiert nicht im Islam. Deshalb werden sich die beiden Gottesvorstellungen nie treffen können, wenn nicht entweder Christen ihre Christologie aufgeben oder Muslime ihre Rechtgläubigkeit.

Weil Gott selbst durch seinen Sohn Jesus den Weg zu sich freigemacht hat, bleibt er nicht verborgen: Ich kann eine Beziehung zu ihm haben und darf wissen, dass er mich liebt. Auch im Koran lesen wir, dass Gott barmherzig ist. Doch es bleibt eine Eigenschaft, die von seiner allmächtigen Entscheidung abhängt. Er entscheidet, wann er barmherzig ist, und wann nicht.

Als ich Muslim war, wusste ich nicht, ob Gott am Ende tatsächlich barmherzig mir gegenüber sein und mich annehmen wird. Es blieb die Angst, versagen zu können und von Gott verworfen zu werden. Dass „Barmherzigkeit" beziehungsweise „Liebe" das Wesen Gottes ist und er deshalb aktiv in eine Beziehung zu den Menschen tritt, erlebe ich als eine völlig andere Dimension, die mehr ist als eine Eigenschaft Gottes oder ein Name Gottes. „So sehr hat Gott die Welt geliebt, dass er seinen Sohn gab, damit alle, die an ihn glauben nicht verloren gehen, sondern das ewige Leben haben", heißt es in Johannes 3,16. Gott tritt aus Liebe in Beziehung zu uns. Das ist für mich der Kern des christlichen Glaubens.

Deshalb glaube ich, sollten wir akzeptieren, dass es in Fragen des Gottesbildes grundlegende Unterschiede gibt und diese aushalten. Das ist aus meiner Sicht viel ehrlicher. Und es ist trotzdem möglich, im Gespräch zu sein, Freundschaften zu leben und gemeinsam die Welt zu einem besseren Ort zu machen.

Und zu guter Letzt bin ich zutiefst überzeugt, dass Argumenteschlachten in der christlich-islamischen Begegnung nichts bringen, geschweige denn, dass es hilft, polemisch zu werden. Ich auf jeden Fall habe mich nicht für ein Leben als Christ entschieden, weil das Christentum die besseren Argumente hat, sondern weil ich das Wunder im Leben meines Onkels sah, und Gott mein Herz berührt hat. Auch von anderen ehemaligen Muslimen weiß ich: Am Ende ist es nicht der Mensch, der glaubt, sondern Gott, der Menschen den Glauben schenkt.

Dieses Wissen hilft, dankbar und demütig in das Gespräch mit Muslimen zu gehen und ihnen wie jedem Menschen in Liebe zu begegnen, weil man sich selbst von Gott geliebt weiß.

KAPITEL 16

Was Nudeln mit Integration zu tun haben

Das Brückenschlagen zwischen den verschiedenen Kulturen und Religionen ist in Deutschland ebenso wichtig wie im Ausland. Deshalb entstand während meiner Tätigkeit als Gastdozent für Islamthemen an der Akademie für Weltmission (AWM) im Gespräch mit dem damaligen Rektor, Traugott Hopp, erstmals die Idee, auf eine neuartige Weise Brücken zu bauen und zu vermitteln. Wir beschlossen, ein Institut zu gründen, das auf allen Ebenen der Gesellschaft, Kirche und Politik zu Fragen der Einwanderung, des Islams und der Integration „begegnen, beraten und begleiten" will.

Zwei Jahre vor dem historischen Flüchtlingssommer 2015 eröffneten wir das Europäische Institut für Migration, Integration und Islamthemen (EIMI), dessen Leiter ich seither bin. Mein Beruf ist gleichzeitig meine Berufung und Lebensaufgabe. Dabei steht im Vordergrund, der Gesellschaft und den Migranten etwas von dem zurückzugeben, was ich hier selbst erhalten habe, als ich neu nach Deutschland kam, und ich gebe meine Erfahrungen und mein Wissen gerne in Seminaren und Vorträgen zu Integrationsfragen weiter.

Auch in meinem Heimatort Korntal und der Umgebung gibt es seit 2015 viele Flüchtlinge. Und die Integration von Migranten theoretisch zu lehren reicht nicht. Deshalb habe ich die Gründung des Vereins „Saatkornprojekt" angestoßen und bin nun als Ehrenvorsitzender noch beratend im Hintergrund tätig.

Das Pilotprojekt hilft jungen männlichen Flüchtlingen im Alter zwischen 18 und 25 Jahren zwei Jahre lang, in Deutschland anzukommen. Es ist eine Privatinitiative und wird allein durch Spenden getragen.[56]

Das Besondere: Die hauseigene Nudelmanufaktur. Im Sekundentakt drückt dort die Nudelmaschine frische Bandnudeln durch die Öffnung, die in eine Plastikkiste fallen. Die „Saatkornjungs" stehen mit weißen Kitteln und grünen Mützen in der Küche und füllen bereits getrocknete Nudeln portionsweise in Zellophantüten. Im Nachbarraum, dem Café „Kornhaus", bedienen die jungen Männer Schüler und Bahnhofspassanten, die die leckeren Nudeln in ihrer Mittagspause verspeisen oder sich einen Cappuccino gönnen.

Ein gelernter Bäckermeister führt die acht jungen Geflüchteten in der Nudelmanufaktur in die deutschen Standards des Arbeitslebens ein. Es gibt penible Hygienevorschriften, einen festen Arbeitsplan und es wird auf Pünktlichkeit und effiziente Arbeitsabläufe geachtet.

Der Bedarf und die Nachfrage sind riesig, denn im Übergang vom Jugend- zum Erwachsenenalter gibt es eine systemische Lücke in der Betreuung: Unbegleitete minderjährige Flüchtlinge erhalten viele Unterstützungsangebote. Kaum sind sie volljährig geworden, setzen viele Hilfen aus – und das, obwohl auch die jungen Erwachsenen jemanden bräuchten, der ihnen hilft, hier Fuß zu fassen. Ansonsten besteht die Gefahr, dass sie am Rande der Gesellschaft bleiben, vielleicht sogar kriminell werden oder dass Extremisten sich um sie „kümmern".

Die Idee für das Saatkornprojekt entstand, als ich Salman kennenlernte, einen jungen Syrer, der aus Aleppo geflohen war, weil dort alles zerstört war und er keine Perspektive für sich sah. Aber auch, weil er befürchtete, zum Militärdienst eingezogen zu werden. Er erzählte mir, dass er es nicht mit seinem Gewissen hätte vereinbaren können, sein eigenes Volk im Namen Assads umzubringen. Gemeinsam mit einem Freund floh er deshalb nach Deutschland, wo er in der Nähe meines Wohnorts in einer Halle mit 300 anderen Flüchtlingen untergebracht wurde. Als ich ihn zum ersten Mal traf, fiel mir sofort seine offene, kontaktfreudige Art auf. Später kam er in ein Heim, wo er auf engstem Raum mit sieben Männern zusammen in einem Zimmer wohnte. Salman wollte Deutsch lernen, um studieren zu können, aber seine Mitbewohner machten die Nacht zum Tag und auch tagsüber fand er kaum Ruhe, um sich auf das Lernen der neuen Sprache zu konzentrieren. Als er seine Aufenthaltserlaubnis erhielt, atmete er auf. Nun war es ihm möglich, sich ein Zimmer zu suchen. Sechs Monate lang versuchte er sein Glück, aber kein Vermieter war bereit, einem jungen, alleinstehenden Syrer, der nur gebrochen Deutsch sprach, ein Zimmer anzubieten. Selbst als er einem Makler sein Geld gab, der für ihn auf die Suche ging, gelang es nicht, eine Bleibe für ihn zu finden, was ihn – und auch mich – sehr frustrierte. Diese Zurückweisungen waren seine ersten Erlebnisse hier in Deutschland, so etwas prägt. Schon jetzt schien seine Integration zu misslingen. Und das, obwohl er lernen wollte und das Zeug dazu hatte, hier einen guten und erfolgreichen Weg zu gehen.

Immer wieder telefonierte ich mit seinen Eltern, die mich anflehten, mich um ihren Sohn zu kümmern, ihm ein Vater zu sein. In der patriarchalen Gesellschaft hat der Vater das Sagen und fällt alle Entscheidungen, auch wenn die Kinder bereits volljährig sind. Das kenne ich selbst zu gut. Deshalb müssen die jungen Männer hier in Deutschland erst lernen, mit der neuen Freiheit umzugehen. Sie sind anfangs oft schlicht überfordert damit, eigene Entscheidungen zu treffen. Gemeinsam mit anderen reifte deshalb die Idee heran, dieses Projekt für Salman und andere junge Männer, die wir kannten, zu starten.

Im geschützten Rahmen soll ihnen erklärt und ganz praktisch gezeigt werden, wie unsere Gesellschaft funktioniert und ihnen beim Start in ihr neues Leben geholfen werden. Ich denke, solche Projekte sollte es an noch viel mehr Orten geben.

Wenn ich die jungen Männer vor mir sehe, die aus demselben Kulturkreis wie ich kommen, denke ich an meine eigene Jugend zurück, als ich in vielen Dingen ähnlich dachte wie sie. Weil ich genau weiß, was in ihren Köpfen vor sich geht, habe ich einen Zugang zu ihnen und werde von ihnen liebevoll „Vater Yassir" genannt.

Viele Migranten müssen erst lernen, dass zur Freiheit auch Regeln gehören. „Präsident Assad hat uns unterdrückt, wir lassen uns nicht noch einmal unterdrücken", sagte einer der Jungs, als man ihnen die Regeln der Mülltrennung erklärte – ein Thema, mit dem ich ja auch meine anfänglichen Probleme hatte. Gleichzeitig beklagte er sich wenige Minuten später, dass die Fahrkartenkontrolleure im Zug immer zuerst die Ausländer kontrollieren. Ich fragte ihn, woran das seiner Meinung nach läge. „Vielleicht haben die Kontrolleure schon oft erlebt, dass sie keine Fahrkarte hatten", antwortete er kleinlaut.

Ein wunderbares Beispiel gelingenden Zusammenlebens sind auch die „Hoffnungshäuser" in Baden-Württemberg, von denen das erste im Jahr 2016 von der christlichen Hoffnungsträger Stiftung eröffnet wurde. In den mittlerweile 29 Häusern und insgesamt mehr als 200 Wohnungen an zehn Standorten leben Einheimische und Einwanderer, Familien, Paare und Alleinstehende Tür an Tür und teilen ihren Alltag. Jeder hat seine eigene Wohnung, aber Gemeinschaftsräume und ein Raum für Sprachkurse und ein Garten sowie gemeinsam genutzte Balkone sorgen für viel Begegnung. Das Konzept sieht vor, dass die Einheimischen, die in den Hoffnungshäusern leben, ihren neu zugewanderten Nachbarn bei vielen Alltagsfragen ein Gegenüber sind.

Migrantinnen und Migranten haben die Chance, sich auf einen der begehrten Plätze zu bewerben. Bereits vor dem Unterzeichnen des Mietvertrags wird klar, dass die Bewohner die Gemeinschaft der Hoffnungshäuser aktiv mitgestalten sollen. Eine solche gemeinsame Grundlage erleichtert das interkulturelle gemeinsame Wohnen im Mehrgenerationenhaus. Und dann geschieht Begegnung: bei der Gartenpflege, beim Schachspielen, beim Kochen und Essen, beim Hausaufgaben machen, beim Feiern und Kennenlernen religiöser Feste, beim Reden und Lachen – und dadurch Sprache fördern.

Ziel ist, dass sowohl Einheimische als auch Neuzugezogene von dem Zusammenleben profitieren: Migranten kommen in ein wohlgesinntes Umfeld und früh in Kontakt mit dem realen Leben in Deutschland – und Einheimische werden durch die kulturelle Vielfalt und durch herzliche Beziehungen bereichert. Solche Häuser der privaten Initiative mit ihren bisher rund 750 Bewohnern machen ihrem Namen alle Ehre: Sie geben „Hoffnung“, dass ein Zusammenleben gelingen und gewinnbringend sein kann.

KAPITEL 17

„Der Islam gehört zu Deutschland"

Das sagte 2010 am Tag der Deutschen Einheit der damalige Bundespräsident Christian Wulff und sorgte damit für eine emotionale Kontroverse.

Ein Satz ohne konkrete Aussage, weil er so sehr im Unbestimmten blieb und mehr Fragen aufwarf als Antworten gab: Welcher Islam ist gemeint? Der türkische Islam? Der Islam der Salafisten oder ein Islam, so wie er von der Politik erwünscht ist? Oder, oder …?

Und was bedeutet, dass dieser zu Deutschland „gehört"? Manche Menschen betonten in Abgrenzung zum „christlichen Abendland", dass der Islam eben nicht nach Europa gehöre – und immer wieder schwang in Gesprächen, die ich damals führte, auch die generelle Ablehnung von allem Fremden und Muslimischen mit, oft auch gekoppelt mit Angst vor einer „Islamisierung".

Eine andere Gruppe stimmte dem Satz bedingungslos zu, ohne sich Gedanken gemacht zu haben, dass es wichtig wäre, dass ein Bundespräsident in einer solch zentralen Rede ausführt, was er genau unter „dem Islam" versteht. Aus meiner Sicht wäre es besser gewesen, Herr Wulff hätte gesagt, dass *Muslime* zu Deutschland gehören, das wäre unstrittig und klar gewesen.

Seit der Aussage Wulffs sind nun mehr als zehn Jahre vergangen und mit Blick auf rechtliche Regelungen hat sich Einiges getan: So wurde zum Beispiel die Möglichkeit einer sarglosen Bestattung geschaffen, so wie sie nach islamischer Tradition vorgesehen ist, oder die Frage der religiös begründeten Beschneidung von männlichen Kindern rechtlich geklärt.

Zentren für Islamische Theologie sind an Universitäten entstanden, die Theologen ausbilden, die mittlerweile als Lehrer, Sozialarbeiter und in Moscheegemeinden arbeiten. Sie sind kompetente Ansprechpartner für eben auch die Frage, wie der islamische Glaube in Deutschland gelebt werden kann und sollte, damit er mit dem Grundgesetz vereinbar ist und ein Zusammenleben gelingen kann. Sie sind diejenigen, die die Frage beantworten können, welche Interpretation und Lesart des Islams es braucht, damit der Islam wie das Christentum und Judentum als Bestandteil Deutschlands wahrgenommen werden und zum Frieden und zu Zusammenhalt beitragen kann.

Seit einigen Jahren gibt es in der rechtlichen Anerkennung allerdings eine Stagnation. Dies liegt vor allem daran, dass noch immer nicht geklärt ist, wer von Seiten der Muslime das Gegenüber für den Staat ist. Wer vertritt und spricht für „die" Muslime? Ein solches Gegenüber braucht es, wenn es um die Frage nach der Körperschaft des öffentlichen Rechts oder auch des islamischen Religionsunterrichts geht. Die Bundesländer haben wegen dieses fehlenden Ansprechpartners rechtliche Konstrukte wie Beiräte für die Zentren für Islamische Theologie geschaffen, die als Ersatzansprechpartner herhalten, doch ideal ist das nicht.

Wichtig ist aus meiner Sicht bei der Frage des rechtlichen Gegenübers, dass wir darauf achten, dass nicht Verbände sich als Ansprechpartner darstellen, die von ausländischen Regierungen oder anderen Institutionen beeinflusst sind und dass auch niemand zum Sprachrohr der Muslime wird, der ein Anhänger des politischen Islams ist und die Gesellschaft in diesem Sinne umgestalten will. Denn es ist problematisch, wenn für Anhänger des politischen Islams nicht das Ziel ist, dass der Islam Teil einer multireligiösen Gesellschaft ist und in dem Sinne zu Deutschland gehört, sondern dass Deutschland zum Islam gehört.

Ich möchte Muslime ermutigen, dass sie neben der rechtlichen Anerkennung vor allem versuchen, gesellschaftliche Anerkennung zu erhalten. In der letzten Zeit sind einige zivilgesellschaftliche islamische Initiativen entstanden, die sich in die Gesellschaft einbringen. Ein beeindruckendes Beispiel ist der Sozialdienst muslimischer Frauen, der erste und größte muslimische Frauenverband der Wohlfahrtspflege. Solche Initiativen sorgen Schritt für Schritt dafür, dass Vertrauen entsteht und Berührungsängste abgebaut werden.

Lasst uns Brückenbauer sein!

An Ostern erhielt ich eine Nachricht: Ein muslimischer Freund gratulierte mir voller Freundlichkeit und Wertschätzung zum Osterfest. Auch an Weihnachten hatte er mir bereits gratuliert. Ich war beschämt. Hatte ich mich eigentlich bei ihm an Ramadan oder am Opferfest gemeldet?, fragte ich mich. Leider hatte ich daran nicht gedacht.

Dieser Freund ist nicht der Einzige: Ich erhalte sehr viele Glückwünsche von meinen muslimischen Freunden zu den christlichen Festtagen, und auch durch andere Gesten zeigen sie mir rund ums Jahr, dass sie aufrichtig an mir interessiert sind und sich eine gute Beziehung zu mir wünschen.

Von diesem herzlichen Umgang kann ich nur lernen, denn er ist vorbildlich. Auf Arabisch gibt es die Formulierung „insaniyat al-insan", was so viel wie „das Menschliche im Menschen" bedeutet. Und mir ist es wichtig, am Ende des Buches noch einmal zu betonen: Die Grundlage jeder Begegnung ist, dass wir das Menschliche in jedem Mitmenschen sehen und „menschlich" miteinander umgehen. Wenn wir glauben, dass jeder ein geliebtes Geschöpf Gottes ist, dann widerspricht das einer pauschalen Verurteilung von Menschen muslimischen Glaubens. Ja, mehr noch: Wenn wir glauben, dass jeder

Mensch ein Ebenbild Gottes ist, und wir dann dieses Ebenbild verteufeln, dann ist das eine Missachtung Gottes, dessen Ebenbild dieser Mensch ist!

Stattdessen sollten wir Brücken bauen und es schätzen, wenn Muslime den Kontakt und die Freundschaft suchen. Oft habe ich den Eindruck, wir sehen bei unserem Gegenüber nur das Trennende, das was ihn anders macht, wie zum Beispiel seine Religion. Aber das ist nur ein Teil der Identität und es gibt so viele andere Facetten des Menschen, die oft nicht im Blick sind. Um in eine Beziehung treten zu können, ist es wichtig, die Person als Ganzes zu sehen, die Persönlichkeit, die Interessen, was diesen Menschen beschäftigt und umtreibt.

Erst wenn eine gute Beziehung besteht, und viele Tassen Tee und Kaffee miteinander getrunken wurden, ist es möglich, auch Dinge anzusprechen, die ich vielleicht anders sehe oder die mich irritieren. Besonders in einer schamorientierten Kultur, in der die Ehre des Einzelnen hochgehalten wird, ist es wichtig, erst einmal die Rahmenbedingungen zu schaffen, um ehrlich von Herz zu Herz miteinander reden zu können.

Nur dann ist klar, dass wenn ich etwas anspreche oder kritisiere, es aus einer wohlwollenden Haltung heraus geschieht und dass es tatsächliches Interesse ist, wenn ich zum Beispiel frage: „Wie glaubst du, gelingt Zusammenleben in diesem gemeinsamen ‚Haus Deutschland'? Welchen Werterahmen und Rechtsrahmen brauchen wir?“

Ich bin zutiefst davon überzeugt, dass wir auf diese Weise besser zu einem friedlichen Zusammenleben beitragen und viel mehr Menschen für unsere Ideen gewinnen können, als wenn wir ein Gespräch mit dem kollektiven Verdacht anfangen, dass jeder Muslim ein potenzieller Islamist ist.

Ja, wir sollten nicht naiv sein und kritiklos alles akzeptieren und ja, es gibt auch hier in Deutschland eine kleine Anzahl von Menschen muslimischen Glaubens, die unsere Gesellschaft und Werte verachten – so wie ich es früher auch tat.

Probleme in unserer Gesellschaft sollten wir ansprechen, aber wir sollten fair und sachlich sein und zu den Menschen eine Brücke bauen, die an einem Kontakt interessiert sind. Und immer zwischen dem Islam als Dogma und den Muslimen unterscheiden. Schädliche Glaubensüberzeugungen möchte ich infrage stellen, nicht jedoch den Menschen, der diese Überzeugung hat. Das ist schwierig, meiner Meinung nach aber der wahrhaft christliche Umgang miteinander.

Immer wieder bin ich traurig, wenn ich in christlichen Kreisen Vorträge halte und dann frage: „Wer hat einen muslimischen Freund, mit dem er sich regelmäßig trifft?“ Meist melden sich nur sehr wenige Menschen. Das muss sich ändern! Denn gerade gläubige Menschen verbindet doch Einiges: Einen Menschen, der ernsthaft Gott sucht, sollte ich als gläubiger Christ doch schätzen.

Viele Muslime haben ein tiefes inneres Verlangen nach Gott. Wenn ich an meinen Vater denke, der in jeder einzelnen Woche in der Nacht von Donnerstag auf Freitag wach geblieben ist, um in dieser Zeit den Koran zu lesen und zu beten, dann berührt mich das sehr. Und über diese Sehnsucht, Gott zu begegnen, können wir reden, ohne damit alle Glaubensüberzeugungen des anderen selbst bejahen zu müssen oder zu erwarten, dass der andere sofort in den eigenen „Club“ wechselt.

Die biblische Geschichte von der Frau am Jakobsbrunnen ist ein schönes Bild dafür, was es heißt Brücken zu bauen (Johannes 4, 5-30). Jesus sitzt in der brütenden Mittagshitze an einer Zisterne, als eine Frau zu ihm kommt, die aus den folgenden drei Gründen gesellschaftlich isoliert ist: Erstens gilt sie als Frau damals nicht viel, zweites ist sie eine Samariterin, die aufgrund ihrer ethnischen Herkunft von der jüdischen Mehrheitsgesellschaft verachtet wird, und drittens hat sie sich mit verschiedenen Männern eingelassen. Doch Jesus hat keine Berührungsangst. Obwohl Jesus selbst von sich sagt: „Ich bin die Quelle des Lebens“, bittet er die Frau um Wasser und zeigt ihr dadurch seine Achtung und Wertschätzung und vermittelt ihr: Du hast etwas zu geben. So schafft er eine Gesprächsatmosphäre, in der er dann auch die Probleme der Frau anspricht, sie aber nicht dafür verurteilt, sondern auf ihre Sehnsüchte und Bedürfnisse eingeht.

Lasst uns Menschen in unser Haus einladen, dann werden sie sich auch in dem „Haus Deutschland" wohlfühlen. Lasst uns Menschen die Hand reichen und so zu Brückenbauern werden.

Epilog

Im Jahr 2008 nahm ich an einer Konferenz für Pastoren aus dem Nahen Osten in Kairo teil. Ich traf dort viele Bekannte aus Ägypten, Syrien und Jordanien wieder. Der Leiter der Konferenz bat mich, am ersten Tag abends eine Andacht zu halten. Als ich vorne am Rednerpult stand, bemerkte ich im Raum auch drei sudanesische Pastoren, die ich noch nicht kannte.

Nach dem Abendprogramm und vielen Gesprächen machte ich mich auf den Weg in mein Zimmer. Ich ging über den Innenhof und steuerte auf das Gästehaus zu, als ich einen der Sudanesen bemerkte, der mir entgegenkam. Mir fiel auf, dass er leicht hinkte, weil eines der Beine kürzer war als das andere. Es schien so, als ob er auf mich gewartet hätte. „Du kommst auch aus dem Sudan, nicht wahr?", begann der hagere, schüchtern wirkende Mann mit den grauen Haaren das Gespräch. „Woher denn genau?" „Aus Khartum", antwortete ich. „In welcher Schule warst du? Aus welcher Familie kommst du?", wollte er wissen. Diese Fragen hatte mir seit meiner Zeit im Sudan niemand mehr gestellt, aber ich beantwortete sie, ohne mir etwas dabei zu denken.

Als ich meinen einstigen Familiennamen nannte, liefen Tränen über das dunkle Gesicht des Mannes. Er musste meine Irritation bemerkt haben. „Erinnerst du dich nicht an mich?", fragte er mich und wischte sich die Tränen aus den Augen. Die Pupille seines rechten Auges bewegte sich nicht, er schien auf diesem Auge erblindet zu sein.

Normalerweise habe ich ein gutes Personengedächtnis. Wenn ich einem Menschen einmal begegnet bin, erkenne ich ihn wieder, auch wenn ich seinen Namen vielleicht nicht mehr weiß. Vor allem, wenn er wie dieser Sudanese eine Kriegsverletzung trägt. Doch hier war ich mir absolut sicher, diesen Mann noch nie getroffen zu haben. Als ich ihn fragend anschaute, holte er tief Luft und sagte: „Ich bin Zakaria."

Die Wucht dieser Worte warf mich beinahe um. Nach einer kurzen Schockstarre begannen meine Knie zu zittern, die Gedanken rasten im Rekordtempo durch meinen Kopf. Sofort hatte ich all die Bilder wieder lebhaft vor Augen, die ich über 19 Jahre hinweg verdrängt hatte: Das Piesacken in der Klasse, unsere Gebete für seine Vernichtung, meine Schläge auf seinen Körper, seine Hilfeschreie nachts im Wald. Ich blickte auf den Mann vor mir: Sein blindes Auge, der hinkende Fuß, die verkrüppelte Hand – dies alles waren Spuren, die mein Hass auf seinem Körper hinterlassen hatte. Ein Gefühl von Scham und Schuld ergoss sich über mich. Ich fühlte mich wie entblößt, wie auf frischer Tat ertappt. Diesen Moment werde ich nie vergessen. Damals in der Nacht war ich stolz auf meine Tat und mir sicher, dass ich im Namen Gottes gehandelt hatte. Jetzt wollte ich vor lauter Scham und Schmerz am liebsten unsichtbar sein oder wegrennen. Die Schuld, die ich in dieser Nacht auf mich geladen hatte und jahrzehntelang verdrängte, hatte mich eingeholt, ja sie schaute mich an, hatte ein Gesicht und einen Namen. Und sie lebte!

Zakaria. Nie hätte ich damit gerechnet, ihm jemals wieder gegenüberzustehen. Mein Mund war so trocken, dass ich nicht schlucken konnte. Ich war sprachlos. Zakaria hielt die Stille aus. Die Zeit schien stillzustehen.

Gleichzeitig fragte ich mich: Was kommt jetzt? Wie wird er reagieren? Zakaria hätte das Recht gehabt, mich zu beschimpfen und mir Vorwürfe an den Kopf zu schleudern, mir alle meine Vergehen aufzuzählen. Ich hätte alles von ihm angenommen, selbst wenn er sich bei mir gerächt hätte. Ich hätte es nicht nur verstanden, sondern gesagt: „Ja, ich habe es verdient!"

Mit gebrochener Stimme fing er langsam an zu reden. „Yassir", sagte er und machte eine Pause. Seine Stimme klang friedlich, ja fast fröhlich, so als ob er nicht seinen Feind sondern seinen Freund wiedertreffen würde. Dann sagte er nur einen Satz über den ich noch heute staune: „Weil du mich so abgrundtief gehasst hast, habe ich immer für dich gebetet." Mit seiner verkrüppelten Hand öffnete er seine Tasche und nahm seine Bibel heraus. Seine Hand zitterte, als er den Deckel des abgenutzten, zerfledderten Buches öffnete. Er zeigte mir die erste Seite. Dort stand eine Gebetsliste, auf der er Namen untereinandergeschrieben hatte. Ganz oben las ich meinen Namen. Darunter den Namen unserer Schule.

Ich trat einen Schritt zurück und sah ihn voller Bewunderung an. Ich hatte Zakaria gehasst und an jedem Schultag nach dem Mittagsgebet mit meinen Freunden für seine Vernichtung gebetet. Zakaria dagegen vergab mir und betete für meine Veränderung. In Zakarias Verhalten zeigte sich mir die Liebe Gottes in all seiner Größe. Denn Hass mit Hass zu begegnen, ist menschlich. Aber Hass mit Liebe zu begegnen, ist göttlich. Es ist mehr, als wir aus eigener Kraft tun können.

Was ich dir noch sagen will, Vater

Obwohl ich nun ein glückliches und freies Leben führen kann, verstummen die Gedanken an meine Familie im Sudan nie völlig. Geht es meiner Mutter gut? Wie viele Kinder haben meine Schwestern? Und wie ist das Leben in Khartum heute? Für meinen Vater mag ich gestorben sein, doch mir brennt noch vieles auf der Seele, das ich ihm gerne sagen würde.

Mein geehrter, lieber Vater,

darf ich Dich eigentlich noch so nennen? Friede sei mit Dir! Die Barmherzigkeit Gottes und sein Segen mögen auf Dir sein und Dich bewahren.
Sehr oft frage ich mich, wie es Dir, meiner Mutter und meinen Schwestern wohl geht? Wie geht es der Großfamilie? Ich weiß nicht, wie viele Geburten und Hochzeiten ich verpasst habe und wie vielen Verwandten ich nicht die letzte Ehre am Grab erweisen konnte. Ich hoffe und bete, dass ihr alle gesund seid und es euch gut geht.
Oft träume ich nachts davon, wie ich durch unser Viertel gehe. An jeder Ecke treffe ich Verwandte, einer meiner Cousins kommt strahlend auf mich zu und ein Onkel bittet

mich in seinen Laden, wo er mir frisch gepressten Orangensaft anbietet. Ich rieche den Duft der Gewürze auf dem Markt und schlendere zum Blauen Nil, wo ich mich auf eine Mauer setze und die Fischerboote beobachte. Wenn ich dann erwache, bin ich sehr glücklich – so lange bis ich merke, dass dies alles leider nur ein Traum war.
Es ist viel zu lange her, dass ich euch das letzte Mal gesehen habe! So gerne würde ich euch besuchen! Ich stelle mir vor, wie ich Dir zur Begrüßung die Hand küsse, so wie ich es schon tausende Male und immer sehr gerne getan habe. Du würdest mich mit „Ibni" – „Mein Sohn" begrüßen und in Deiner Stimme und Deinem Blick lägen Stolz und Wertschätzung. Dann würden wir uns unter den großen Baum im Innenhof setzen, Kaffee trinken und Du würdest mir Geschichten von unseren Vorfahren erzählen, die mutige Krieger waren. Ich säße einfach da und würde Deine Gegenwart genießen. Wie sehr wünsche ich mir, das noch einmal zu erleben! Doch leider wird das nie wieder möglich sein.
Ich habe gedacht, mit den Jahren würde ich darüber hinwegkommen, dass meine familiären Wurzeln abgeschnitten sind, aber das Gegenteil ist der Fall: Ich merke, man kann seine leibliche Familie durch nichts ersetzen, die Lücke bleibt.
Obwohl ich weiß, dass es in unserer Kultur nicht üblich ist, würde ich Dir gerne meine wunderbare Frau vorstellen. Außerdem wünsche ich mir, dass Du meine Kinder

kennenlernst: Mein ältester Sohn, der mit zweitem Namen übrigens auch Yassir heißt, sieht meinem Großvater trotz seiner hellen Haut sehr ähnlich. Und stell Dir vor, unser zweites Kind kam gleich zwei Mal: Es sind Zwillinge, zwei Mädchen. Meine Kinder sind Dein Fleisch und Blut, aber leider wird es von Tag zu Tag unwahrscheinlicher, dass sie Dich jemals kennenlernen werden.

Meinen Kindern gebe ich die Tugenden weiter, die Du mir beigebracht hast: Gastfreundschaft, Großzügigkeit und Hilfsbereitschaft. Du hattest immer ein offenes Haus, jeder, der uns besuchte, wusste, dass er selbstverständlich ohne Vorankündigung und egal wie lange in einem unserer vielen Gästezimmer wohnen konnte.

Im Ramadan hast Du Tische auf dem Platz vor unserem Haus aufgebaut und das Wohnzimmer auf die Straße verlegt: Einen Monat lang saßen wir dort jeden Abend zum Fastenbrechen. Und jeder der Muslime, die an unserem Haus entlanggingen, egal ob Nachbar, Freund oder Bettler war willkommen und wurde von Dir geradezu gedrängt, sich an Deinen Tisch zu setzen und nach einem langen, heißen Tag ohne Trinken und Essen bei uns ein Festmahl in Gemeinschaft zu genießen. Hilfsbereitschaft habe ich nicht in der Kirche gelernt, sondern von Dir. Immer wenn Du einen bedürftigen Menschen auf der Straße gesehen hast, gabst Du ihm Geld. Ich lernte von Dir, dass Besitz ein Geschenk Gottes ist, das man mit anderen teilt.

Auch in der Verwandtschaft hast Du die Ärmeren besucht und Dich um sie gekümmert. Außerdem lernte ich von Dir, dass es einen Gott gibt, der mich geschaffen hat, wofür ich Dir bis heute dankbar bin. Es gab keinen Moment in meinem bisherigen Leben, in dem ich an der Existenz Gottes zweifeln musste.

Du bist von Grund auf ein Mensch, der Gerechtigkeit liebt und sich für sie einsetzt. Als Politiker und Führungsperson sahst Du Dich in der Nachfolge des islamischen Propheten und seiner Gefährten und es war Dir wichtig, dass es all deinen Glaubensbrüdern gut geht und sie Gerechtigkeit erfahren.

Im Nachhinein ist mir bewusst geworden, dass diese Gerechtigkeit und Offenheit nur für Deine Glaubensgeschwister galt, nicht aber für Menschen, die in unseren Augen minderwertig, nicht rechtgläubig oder ungläubig waren, wie Christen, Juden, Frauen, Dafuris, Südsudanesen, islamische Mystiker und andere. Ich bin überzeugt, dass diese Zweiklassengerechtigkeit im tiefsten Inneren Deinem natürlichen Empfinden widerstrebte. Trotzdem war es Dir wichtiger, dass Du Gottes Wille tust, den Du in Koran und Sunna geoffenbart sahst. Der Gehorsam gegenüber Gott war Dir sogar wichtiger als die Liebe zu Deinem Sohn.

„Du bist nicht mehr mein Sohn" – Diese Worte haben sich tief in mein Gedächtnis gebrannt und schmerzen mich bis heute. Nie hätte ich es für möglich gehalten, dass es zu diesem

Bruch zwischen Dir und mir kommen würde. Doch ich will Dich deshalb nicht anklagen, weil ich nachvollziehen kann, warum Du mich aus der Familie verstoßen hast, als ich dem Islam den Rücken kehrte. Auch Du hast von Deinem Vater dieselbe Prägung erhalten, die Du dann an mich weitergegeben hast: Auch Dir wurde das Glaubensbekenntnis in der ersten Minute Deines Lebens eingeflüstert. Auch Du wurdest in der Koranschule intensiv geprägt. Die intoleranten Gedanken, die Du von dort mitbrachtest, wurden nicht als solche empfunden, weil man sie als richtig und gottwohlgefällig ansah.
Es gibt viele muslimische Väter, die sich anders entschieden hätten und die Liebe zu ihrem Sohn über ihre religiösen Überzeugungen gestellt hätten, aber für Dich war klar, dass Du ohne Wenn und Aber dem Buch und dem Propheten folgen wolltest. Auch wenn Dir das sehr schwerfiel, wie ich an den Tränen in Deinen Augen bei unserem Abschied bemerkte.
Letztlich glaube ich, dass wir beide einer Ideologie verfangen waren bzw. sind, die die Sehnsucht nach Gottes Nähe und den Wunsch, nach dem Tod bei Gott zu sein, missbraucht hat. Außerdem warst Du auf gewisse Weise auch ein Opfer der Gesellschaft, in der wir gelebt haben. Denn meine Entscheidung, Jesus, dem Sohn der Maria, dem Gekreuzigten und Auferstandenen nachzufolgen, war nicht meine Privatangelegenheit. Sie bedrohte Deine politische Karriere und Deine gesamte Existenz, weil sie den Ruf und die Ehre der gesamten

Familie verletzte. Vielleicht hättest Du anders reagiert, wenn Du in einem Land gelebt hättest, indem es den Druck der Großfamilie und der Gesellschaft nicht gegeben hätte und allen Menschen dieselben Rechte zugestanden worden wären.
Dass ich heute versuche, Brücken zu anderen Menschen zu bauen und Wege für ein friedliches Zusammenleben zu finden, hat mit dieser erlebten Ablehnung zu tun, die ich bewusst nicht leben will. Früher habe ich die westlichen Länder verachtet, weil ich sie als moralisch verdorben und ungläubig ansah, heute bin ich froh, in Deutschland ein Land gefunden zu haben, das Gerechtigkeit und Freiheit für alle lebt und in dessen Grundgesetz die Menschenwürde verankert ist. Nach allen Kräften möchte ich mich dafür einsetzen, dass hier kein Mensch diskriminiert oder verachtet wird.
Mit meiner Entscheidung, Jesus nachzufolgen, wollte ich mich nicht gegen euch und insbesondere nicht gegen Dich stellen. Ich bin dadurch auch nicht zu einem Unterstützer der Kreuzzüge oder des Kolonialismus geworden, wie ihr wahrscheinlich annehmt, sondern zu einem Menschen, der Frieden mit Gott und seinen Mitmenschen gefunden hat.
Es fiel mir damals sehr schwer, Dir zum ersten Mal in meinem Leben zu widersprechen und Dir nicht den erwarteten Respekt entgegenzubringen. Doch ich konnte nicht anders. Das lag daran, dass ich nicht einfach nur die Religion gewechselt, sondern mit Jesus ein neues Leben gefunden habe,

das mir Halt und Hoffnung – auch über den Tod hinaus – gibt.
Dort im Krankenhaus, als Fouad aus dem Koma erwachte, wurden auch mir die Augen geöffnet: Ich habe Jesu Liebe erfahren. Ich erlebte, dass Gottes Wesen Liebe und Barmherzigkeit ist, und ich mir seine Gnade nicht durch Fasten oder gute Taten verdienen muss. Er ist mir nicht nur näher als meine Halsschlagader: ER lebt in mir. Er führt mich nicht nur den geraden Weg, sondern er sagt von sich, dass er der Weg ist.
Dieses Erlebnis hat mich tiefgreifend verändert und ich habe begriffen, dass auch die Menschen, die ich einst gehasst habe, ohne ihnen jemals begegnet zu sein, geliebte Geschöpfe Gottes sind. Wahrscheinlich hat es Dich entsetzt, als Du vom sudanesischen Geheimdienst erfahren hast, dass ich regelmäßig im südsudanesischen „Feindesland" bin. Damit wurde ich in Deinen Augen zum Landesverräter, was noch schlimmer ist, als ein Apostat zu sein. Doch ich bin dorthin nicht geflogen, um die Rebellen zu unterstützen, sondern um Menschen, die in Hungersnot waren, zu helfen und ihnen beizustehen
Weil ich die Geschichte der Bibel verstehen wollte, reiste ich nach Israel. Als ich dort Juden traf, fragte ich mich, wieso ich diese Menschen so hassen konnte. Es gleicht für mich einem Wunder, dass ich mich mit diesem Volk, das wir immer vernichten wollten, versöhnen konnte und nun sogar einige jüdische Freunde habe.

Jesus, der nun mein Vorbild, meine Sunna ist, hat mir geboten, meinen Nächsten zu lieben wie mich selbst. Und ich muss sagen, es ist sehr befreiend, nicht mehr hassen zu müssen, um Gott einen Gefallen zu tun. Jetzt sagt Gott mir sogar, dass es eine Glaubenstugend ist, meine Feinde zu lieben.
Ich bin kein Feind der Muslime, nein, in jedem Muslim sehe ich meinen geliebten Vater, in jeder Muslimin meine Mutter oder meine Schwestern. Und ich glaube, dass Du weiterhin stolz auf mich sein kannst. Jetzt sogar erst recht, weil ich durch Jesus ein besserer Mensch geworden bin. Ich würde mir wünschen, dass Du dies sehen könntest.
Obwohl ich enterbt, totgesagt, beerdigt und durch einen neuen Sohn ersetzt wurde: Für mich wirst Du immer mein Vater bleiben. Denn Du kennst unser arabisches Sprichwort: „Blut wird nie Wasser werden."

Mit Hochachtung,
Dein Sohn, der Dich immer noch innig liebt und sehr vermisst

Yassir

Anhang – Sieben Dinge, über die wir reden müssen

Nur wenn Vertrauen gewachsen ist, eine Beziehung besteht, können wir konstruktiv ins Gespräch miteinander kommen. Und das ist auch nötig! Denn es gibt Themen, die angegangen werden müssen. Gerade damit das Zusammenleben gelingt und Probleme sich lösen, statt sich zu verschärfen. Die folgenden Thesen wollen zur Diskussion anregen. Sie sind nicht in Stein gemeißelt, sondern sollen als Impulse dienen, über die nachgedacht werden kann.

Mehrere dieser Gedanken sind meinem Buch „Wir müssen reden, bevor es zu spät ist“[57] entnommen und werden dort in aller Ausführlichkeit behandelt.

1 Wir brauchen eine sachliche Islamdebatte in Politik und Gesellschaft. Ohne jegliches Tabu. Nur so können wir die gesellschaftliche Polarisierung überwinden.

Am Islam scheiden sich die Geister, ja spaltet sich die Gesellschaft: Sachliche Islamkritiker werden schnell als islamfeindlich bezeichnet. Oder andersherum: Wer nicht alle Dinge im Islam per se als gefährlich und schlecht verurteilt, wird als naiver Gutmensch hingestellt.

Solche Handlungsmuster schaden einer sachlichen Auseinandersetzung mit dem Islam, die wir dringend brauchen. Faire und sachliche Islamkritik muss möglich sein. Lasst uns Probleme offen und ehrlich ansprechen. Nur so können wir sie angehen.

2 Solange jeder Koranvers als nicht hinterfragbares Wort Gottes gilt, kann ein Muslim in Konflikt mit Werten dieser Gesellschaft und dem Grundgesetz kommen. Und der Islam wird weiter ein Gewaltproblem haben.

Für die große Mehrheit der Muslime ist der Koran Gottes Wort und damit ein Dogma, das nicht hinterfragbar ist. Selbst „Kulturmuslime“ lassen keine Kritik an Muhammad zu, er gilt als zeitloses Vorbild. Doch wie geht ein Muslim mit koranischen Gewaltversen um oder damit, dass der islamische Prophet Kriege führte? Eines steht fest: Ohne die Möglichkeit, auch Kritik an schwierigen Versen und Überlieferungen zu üben, wird es weiterhin Islamismus und Radikalisierung geben.

Warum sind die freiheitsliebenden Muslime, mit denen wir gute nachbarschaftliche Beziehungen haben oder die zusammen mit uns im Fußballverein sind, eine schweigende Mehrheit? Ich wünsche mir, dass die kritische, offene Debatte, die hier und da begonnen hat, mutig geführt wird. Dass sich Muslime eingestehen: „Ja, wir haben ein Problem in unserer Religion!“ Sie sollten zu den Allerersten gehören, die den buchstabengetreuen Fanatismus in ihrer Religion anprangern. Sie sollten die islamischen Theologen in die Pflicht nehmen, eine neue Lesart des Korans zu finden, die das friedliche Zusammenleben fördert, statt es zu gefährden.

3 Gleichberechtigung für alle Frauen!

Wer mit Geschlechtertrennung statt Gleichberechtigung aufwächst und lernt, dass Frauen als minderwertig anzusehen sind, hat es schwer, sich in unserer westlichen Gesellschaft zurechtzufinden, die die Rolle der Frau ganz anders definiert.

Mir scheint, dass unter Politikern bei einigen Themen mit zweierlei Maß gemessen wird. Parteien setzen sich einerseits für Frauenquoten und geschlechtergerechte Sprache ein, aber wenn muslimische Mädchen von ihren Eltern nicht die Erlaubnis erhalten, am Schwimmunterricht oder an der Klassenfahrt teilzunehmen, wird geschwiegen. Dies ist eine falsch verstandene Toleranz, die auf Kosten der Rechte von Frauen geht. Wenn Frauen in Saudi-Arabien Autofahren dürfen, wird das als großer Schritt gefeiert, doch Emanzipation geht weiter! So brauchen zum Beispiel die Frauen im Iran und ihre Revolte unsere bedingungslose Unterstützung. Gleichberechtigung ja, aber bitte für alle Frauen!

4 Zur Integration gehört es auch, die dunkle Seite der Geschichte unseres Landes mitzutragen und alles dafür zu tun, dass es ein „Nie wieder“ gibt.

Der Antisemitismus in Deutschland und Europa hat zugenommen. Leider existiert nach wie vor der rechtsextreme Antisemitismus in Deutschland. Und auch im linken Spektrum und in der Mitte der Gesellschaft ist er zu finden. Ein Hauptgrund für die Zunahme ist aber auch der „neue Antisemitismus“ muslimischer Einwanderer, den sie in ihren Heimatländern in der Schule und Koranschule gelernt haben. Doch: Wenn der Islam ein Teil dieser Gesellschaft sein will, müssen sich Muslime auch zur Geschichte dieses Landes bekennen und jede Form von Antisemitismus verurteilen. Besonders bei muslimischen Jugendlichen ist zudem Aufklärungsarbeit wichtig, ebenso wie Begegnungen mit Juden.

5 Religionsfreiheit bedeutet auch die Freiheit, die Religion zu wechseln.

Religionsfreiheit ist ein hohes und nicht selbstverständliches Gut, das habe ich selbst erleben müssen. Und zu ihr gehört auch die Freiheit, seinen Glauben wechseln zu können. Denn der Gradmesser für echte Religionsfreiheit ist, ob es möglich ist, problemlos seine Herkunftsreligion verlassen oder wechseln zu können, oder frei von Religion leben zu dürfen. Gerade das ist in islamischen Ländern bis heute nicht einfach, aber sollte eine Selbstverständlichkeit sein. Dafür setzen wir uns auch als „communio messianica" ein.

6 Unsere Gesellschaft hat ein Identitätsproblem.

„Es kennzeichnet die Deutschen, dass bei ihnen die Frage, ‚Was ist deutsch?' niemals ausstirbt", sagt bereits der Philosoph Friedrich Nietzsche (1844–1900). Tatsächlich hat unsere Gesellschaft ein Identitätsproblem. Manchmal habe ich den Eindruck, dass viele Menschen sich vor allem durch Abgrenzung definieren. Wir wissen relativ genau, was wir nicht sind, aber können nicht formulieren, wofür wir stehen. Debatten über einen radikalen Islam und Integration sind dann nur ein Symptom für ein tiefergehendes Problem, das wir in der Gesellschaft haben, nämlich, dass uns die positive Identität fehlt. Unsere Gesellschaft sollte sich deshalb wieder auf ihre eigenen Werte besinnen.

„Die Würde des Menschen ist unantastbar" – ein zutiefst jüdisch-christlich geprägter Satz, der bewusst als Motto über dem Grundgesetz steht. Von dieser Voraussetzung leben wir und sie hat unsere Gesellschaft durch Gesetze geformt. Wir sollten uns auf das besinnen, was uns trägt – auf unsere Wurzeln. Indem wir aktiv und überzeugt unsere Werte leben, zeigen wir, dass wir etwas Attraktives anzubieten haben, wie unser Zusammenleben gelingen kann. Das hilft bei der Integration und ist die beste Immunisierung gegen einen politischen Islam, der sich als Alternative zu demokratischen Werten darstellt.

Ein gesunder Patriotismus, der die eigene Kultur wertschätzt und mit einer Erinnerungskultur verbindet, hilft bei der Integration. Wenn der Eindruck entsteht, dass Deutsche keine Liebe für ihr eigenes Land empfinden, können sie auch die Einwanderer nicht dazu ermutigen, sich mit diesem Land und seinen Werten zu identifizieren.

7 Es ist noch nicht zu spät, miteinander zu reden und sich zu begegnen.

In unserer Gesellschaft ist es noch nicht zu spät, aufeinander zuzugehen und mit kühlen Köpfen über die heißen Eisen „Islam" und „Integration" zu reden. Es ist noch nicht zu spät, dass aus einem Nebeneinander ein Miteinander wird.

Brückenbauen heißt, Interesse am Wohlergehen des Gegenübers zu haben. Wer Migranten helfen will, sollte ihnen seine Tür öffnen und sie zu sich nach Hause einladen. Diese Menschen, in deren Kultur Gastfreundschaft ein hohes Gut ist, freuen sich, wenn sie Einblick in das Leben der Deutschen bekommen.

Gleichgültigkeit ist hingegen Missachtung. Es braucht Begegnung und Auseinandersetzung, um Vorurteile abzubauen und Konflikte zu lösen. In einer Atmosphäre der Wertschätzung und des Respekts ist es auch möglich, über die eigenen Ansichten und Überzeugungen ins Gespräch zu kommen und wo es nötig wird, auch die Überzeugungen des Gegenübers zu hinterfragen.

Glossar

'aib – Schande
Allahu akbar – Gott ist größer, bzw. Gott ist der Größte
aya (Pl. ayat) – Koranvers
bismillah – im Namen Gottes
da'wa – der Ruf zum Islam, Mission
diwan – Sammlung, Versammlung; im Sudan: Wohnzimmer
du'a' – Anrufung, Bitte: persönliches Bitt- oder Dankgebet oder freies Gebet während des *salat*
faqih – islamischer Rechtsgelehrter
fiqh – islamisches Recht
hadith – Erzählung, Bericht; Überlieferung der Aussprüche und Handlungen Muhammads
hafiz – „Bewahrer": eine Person, die den Koran auswendig gelernt hat
halal und haram – erlaubt und verboten (nach islam. Recht)
hijab – der Schleier (Kopftuch)
ibn – Sohn; *ibni* – mein Sohn
in sha' Allah – so Gott will
jallabiya – langes Gewand, Kaftan für Männer
jinn – übersinnliches Wesen, Geist
Kaaba – Würfel; zentrales Heiligtum des Islams in Mekka
kafir (Pl. kuffar) – Ungläubiger
khalwa (Pl. khalawi) – Einöde: traditionelle Koranschule

kiswa – Stoff, der die Kaaba in Mekka umhüllt
nasheed (Pl. anasheed) – meditativer Gesang; im Islam: religiöser A-cappella-Gesang
ma sha' Allah – „was Gottes Wille ist": Ausruf des Staunens, der Bewunderung
muhajir (Pl. muhajirun) – „Auswanderer", d. h. von Mekka nach Medina
mujahid (Pl. mujahidun) – Kämpfer im Jihad
rak'a – fester Abschnitt des rituellen Gebets
salaf (as-salih) – ehrwürdige, rechtschaffene Vorfahren, d. h. die ersten drei Generationen Muslime nach der Entstehung des Islams, die als Vorbilder gelten
salat – Gebet; im Islam: fünfmaliges Ritualgebet
shahada – das islamische Glaubensbekenntnis
sunna – Brauch, Tradition: Handlungsweise des Propheten, neben dem Koran die zweite Quelle islamischer Rechtsprechung
Sura al-Fatiha – „Die Eröffnende" (erste Sure des Koran)
Sura al-Baqara – „Die Kuh" (zweite Sure des Koran)
takfir – jemanden zum Ungläubigen erklären
tawhid – Einheit Gottes
umma – islamische Gemeinschaft
'umra – kleine islamische Pilgerfahrt nach Mekka außerhalb des islamischen Pilgermonats
al-wala' wa-l-bara' – islamisches Prinzip der „Loyalität und Lossagung", v. a. im Salafismus und Wahabismus verbreitet
walid – Vater
wudu' – rituelle Waschung vor dem Pflichtgebet
yella, yella bzw. *yalla, yalla* – Los, komm!
zaghruta – hoher, schriller Freudenjubel

Quellennachweise

1 Alle Koranverse werden nach der Übersetzung von Nadeem Elyas zitiert. Vgl. Sure 33,21: „Ihr habt ja im Gesandten Allahs ein schönes Vorbild …“ bzw. Sure 3,132: „Und gehorcht Allah und dem Gesandten, auf dass ihr Erbarmen finden möget!“

2 Sure 3,110.

3 Sure 85,21–22.

4 Der Koran wird auch „Mutter aller Bücher“ („*umm al kitab*“) genannt: Sure 13,39.

5 Vgl. auch die Koranverse 2,282 und 4,34, mit denen in der klassischen islamischen Rechtsprechung eine Ungleichbehandlung von Frauen legitimiert wird.

6 Zitat aus: Tilman Seidensticker: Islamismus. Geschichte, Vordenker, Organisationen. Verlag C.H.Beck. München 2016. 978-3-406-66069-6, S. 72.

7 Ein brillanter Überblick über die Geschichte der Muslimbruderschaft im Sudan findet sich in folgendem Artikel: Gaby Warburg, „The Muslim Brotherhood in Sudan, from Reform zu Radicalism“.

8 Zitat aus: Tilman Seidensticker: Islamismus. Geschichte, Vordenker, Organisationen. Verlag C.H.Beck. München 2016. 978-3-406-66069-6, S. 72.

9 Vgl. Bericht des Bundesamtes für Verfassungsschutz 2016, S. 22, zu finden unter: https://www.verfassungsschutz.de/embed/vsbericht-2016-kurzzusammenfassung.pdf, zuletzt aufgerufen am 14.07.2023.

10 Die Studie „Junge Muslime in Deutschland“ des Bundesinnenminsteriums von 2012 befragte Muslime im Alter von 14 bis 32 Jahren. Ein Ergebnis der Studie war, dass es eine Gruppe gibt, die als „streng Religiöse mit starken Abneigungen gegenüber dem Westen, tendenzieller Gewaltakzeptanz und ohne

Integrationstendenz" bezeichnet werden kann. Diese Gruppe umfasst bei den deutschen Muslimen etwa 15 Prozent und in der Gruppe der nichtdeutschen Muslime etwa 24 Prozent.

11 Ahmad Mansour, Generation Allah. Warum wir im Kampf gegen religiösen Extremismus umdenken müssen, © S. Fischer Verlag GmbH, Frankfurt am Main, 2015, S. 31.

12 Vgl. auch die Palästinensische Nationalcharta von 1968, das Gründungsdokument der PLO, das an vielen Stellen zum bewaffneten Kampf gegen Israel aufruft. https://palaestina.org/fileadmin/user_upload/palaestinensische_nationalcharta.pdf, zuletzt aufgerufen am 14.07.2023.

13 Sure 5,59 und Sure 7,166–168.

14 Berichte von Juden aus dem Sudan finden sich unter: http://www.talesofjewishsudan.com/history , zuletzt aufgerufen am 14.07.2023.

15 Vgl. Artikel von Khalafalla, Khalid „Der Konflikt in Darfur" auf dem Portal der Bundeszentrale für Politische Bildung unter: http://www.bpb.de/apuz/29275/der-konflikt-in-darfur?p=all, zuletzt aufgerufen am 14.07.2023.

16 Als Volksislam bezeichnet man eine Form des Islams, die mit heidnischen Elementen vermischt ist, und vor allem bei nichtarabischen Völkern vorkommt.

17 Hadith: Imam Ahmad 22428, at-Tirmidhi 2621, an-Nasa'i, 462.

18 Vgl. auch Sure 2,43: „Und verrichtet das Gebet, entrichtet die Abgabe und verbeugt euch (im Gebet) mit den sich Verbeugenden" und Sure 2, 238: „Haltet die Gebete ein, und (besonders) das mittlere Gebet, und steht demütig vor Allah."

19 Sure 50,16.

20 Vgl. „Ketzerei oder Modell für die Zukunft? Mahmud Muhammad Tahas ‚Zweite Botschaft des Islam' in: Andreas Meier, der politische Auftrag des Islam, Wuppertal 1994 S. 527.

21 Vgl. „Ketzerei oder Modell für die Zukunft? Mahmud Muhammad Tahas ‚Zweite Botschaft des Islam' in: Andreas Meier, der politische Auftrag des Islam, Wuppertal 1994 S. 530.

22 Scharia (wörtlich „der Weg, der zur Tränke führt"). Die Scharia ist kein Gesetzbuch, das man sich in den Schrank stellen kann, sondern der Versuch, Regelungen für alle Lebensbereiche aus dem Koran oder den Hadithen bzw. der Sunna abzuleiten, um ein gottgefälliges Leben zu leben. Dort, wo der Koran und die Überlieferung die Rechtsfragen nicht beantwortet haben, versuchen

muslimische Theologen und Juristen diese Frage in Anlehnung an die im Koran und Überlieferung behandelten Fragen zu lösen (Analogieschluss) oder durch einen Konsens der Gemeinde.
Diese vier Mittel Koran, Sunna, Analogieschluss und Konsens werden angewandt, um rechtliche Fragen zu lösen und sollen helfen, dem göttlichen Willen möglichst nahe zu kommen. Je nachdem, auf welche Koranverse und Überlieferungen etc. sich die islamischen Gelehrten berufen, kommen sie zu leicht unterschiedlichen Ansichten darüber, wie die Scharia, also Allahs vermeintlicher Wille, im Blick auf das religiöse und gesellschaftliche Leben aussieht.

23 Packer, George: The moderate martyr, unter: http://www.newyorker.com/magazine/2006/09/11/the-moderate-martyr, zuletzt aufgerufen am 14.07.2023.

24 Vgl. An-Naim, S. 14. Seine Stellungnahme kann auch per Video gesehen werden auf youtube: „Ustazh Mahmoud Muhammad Taha's court statement" https://www.youtube.com/watch?v=wmu3hpnjVX4, zuletzt aufgerufen am 14.07.2023.

25 Vgl. Artikel auf www.wikipedia.de zu „Mahmud Muhammad Taha": https://de.wikipedia.org/wiki/Mahmud_Muhammad_Taha, zuletzt aufgerufen am 14.07.2023.

26 An-Naim, 17.

27 Vgl. Facebook-Posting von Mouhanad Khorchide vom 11. Mai 2017.

28 Abdel-Hakim Ourghi: Reform des Islam: 40 Thesen, Claudius-Verlag, 2017.

29 Sure 3,32.

30 Musnad Ahmad 4/286.

31 „Regierung und Rebellen unterzeichnen Friedensvertrag", unter: http://www.faz.net/aktuell/politik/ausland/sudan-regierung-und-rebellen-unterzeichnen-friedensvertrag-1213380.html, zuletzt aufgerufen am 14.07.2023.

32 Ein Wadi ist ein ausgetrockneter Flusslauf, der nur nach starken Regenfällen vorübergehend Wasser führt.

33 Vgl. Artikel auf www.wikipedia.de zur „Royal Military Acadamy Sandhurst" unter: https://de.wikipedia.org/wiki/Royal_Military_Academy_Sandhurst, zuletzt aufgerufen am 14.07.2023.

34 Sure, 2,24.

35 Vgl. auch seine „Kampfausrüstung gegen aggressive Bibelverfechter" http://

www.way-to-allah.com/dokument/Kampfausruestung_gegen_aggressive_Bibelverfechter.pdf, zuletzt aufgerufen am 14.07.2023.

36 Matthäus 12,40.

37 Sure 6,35; 10, 65.

38 Sure 3:42.

39 Sure 3:49.

40 Sure 4, 157–158.

41 Römer 6,23.

42 Johannes 14,6.

43 Matthäus 5–7.

44 Sure 33,4–5.

45 Vgl. Markus 3,14.

46 Psalm 27,1

47 Vgl. den Artikel „Tragödie im Abseits" unter: http://www.zeit.de/1994/10/tragoedie-im-abseits, zuletzt aufgerufen am 14.07.2023.

48 Das Gebirge im Bundesstaat Süd-Kordofan gehört seit der Unabhängigkeit des Südsudans zum Nordsudan. Die schwarzafrikanischen Nuba, die aus rund 50 verschiedenen Volksgruppen bestehen, identifizieren sich aber ethnisch und kulturell eher mit dem Südsudan, was für zahlreiche Konflikte sorgte und noch immer sorgt.

49 http://www.deutschlandfunk.de/tempelberg-in-jerusalem-fels-des-anstosses.886.de.html?dram:article_id=341600, zuletzt aufgerufen am 14.07.2023.

50 http://www.abendblatt.de/politik/article209091403/Unsere-Gebete-sind-unsere-Waffe-Unsere-Gebete-sind-unsere-Waffe-Unsere-Gebete-sind-unsere-Waffe.html, zuletzt aufgerufen am 14.07.2023.

51 Johannes 6,35.

52 Übersetzung des Liedtextes von Natalie Grant „ In Christ alone": In Christus allein liegt meine Hoffnung. In Christus ist mein ganzer Halt. Er ist mein Licht, mein Heil, mein Leid, der Eckstein und der feste Grund, sicherer Halt in Sturm und Wind.

53 Informationen teilweise entnommen aus: Sefik Tagay, Die Jesiden, Religion, Gesellschaft und Kultur, Bundeszentrale für Politische Bildung, 2.7.2018. https://www.bpb.de/lernen/filmbildung/270902/die-jesiden/, zuletzt aufgerufen am 14.07.2023 und aus dem Archiv des Evangelischen Pressedienstes, Das Stichwort: Jesiden.

54 https://dserver.bundestag.de/btd/20/054/2005460.pdf, zuletzt aufgerufen am 14.07.2023. In der Antwort der Bundesregierung auf die Anfrage Büngers wird die Entwicklung im Grundsatz bestätigt. Bis 2017 habe die bloße Zugehörigkeit zur Gruppe der Jesiden für den Flüchtlingsschutz oder die Asylberechtigung genügt. Angesichts einer verbesserten Lage in den Wohngebieten der Jesiden sei diese Gruppenverfolgung ab Ende 2017 aber nicht mehr angenommen worden, heißt es in der Antwort. Seither werde anhand der aktuellen Situation im Irak und den vorhandenen Erkenntnissen zur individuellen Person im Einzelfall entschieden.

55 www.communiomessianica.org, zuletzt aufgerufen am 14.07.2023.

56 Informationen unter www.saatkorn-projekt.de, zuletzt aufgerufen am 14.07.2023.

57 Yassir Eric, Wir müssen reden, bevor es zu spät ist, bene!, 2023.